# あなたにもできる
# 借金対処法
### いざという時の特定調停活用法

監修
**大石貢二**
元大阪高等裁判所判事

編著
**原田 豊**
大阪池田簡易裁判所判事

**吉田康志**
司法書士

**山上博信**
愛知学泉大学専任講師

現代人文社

あなたにもできる
# 借金対処法
いざという時の特定調停活用法

## はじめに

　今、破産申立も特定調停申立もますます増え続けていますが、それでもそのような申立てをできる人は、まだ一部の人で、多くの借金（多重債務）に悩む多くの人にとっては、その救済のためにどのような手続や機関があるかもわからず、かえって雪だるま式に借金が増え、挙げ句の果てに夜逃げ、家庭崩壊、離婚などの不幸な状態に追いやられているのではないでしょうか。

　特定調停を例にとっても、専門的な書物は少なからずありますが、申立てをする人たちやその家族・友人が容易に理解でき、自分で手続を選択し、申立てができるよう、わかりやすく解説したものは、少ないようです。

　そこで、日常、特定調停に関わることの多い私たちは、このような方々が、手元に置いて、特定調停の手続の実用的な手引きとして使っていただくことを目的として、わかりやすさに重点を置いて、本書を企画しました。

＊

　この本は、借金でクビが回らなくなった人が、そこから脱出して、元の生活に戻す方法をさがそうとしているとき、本人あるいは、その家族、友人など周りの方が、実際の解決方法を選ぶのに参考にしていただくことを考えて書かれたものです。その解決方法の中では、主に借金の返済方法を取り決めるための特別な調停手続（これを「特定調停」と考えればよい）を利用する際の具体的アドバイスに重点をおいてまとめています。

　経済的に追いつめられると、心理的にも時間的にも余裕がなくなり、法律の専門家のアドバイスや援助を受けることも難しくなります。

　そのような状況のなかで一刻も早く裁判所にたどり着き、実際の解

決方法を見出す必要があるときに、この本が役に立つよう編集されています。

　この本は、実際の解決をする前の心構えに始まり、状況に応じた解決手段の選択方法を簡単に紹介し、裁判所に足を運ぶ際に準備することから特定調停申立て後の具体的なやりとりや書類の書き方をていねいに解説しました。なお、特定調停以外の手続の詳細については、他の書籍や今後発行されるこの本のシリーズを参考にしてください。

　本当なら、弁護士や司法書士に相談する方がベターですが、お金も時間もない人が、実際に生活の平和を取り戻すためにとりあえず役に立つようにしています。

　この本によって、暮らしの再建に役立てば望外の幸いです。

　　　　　　　　　　　　　　　　　　　　　　　　　　　著者

あなたにもできる借金対処法　目次

## 1 ヤミ金融に悩む夫婦の話、ある日の相談で……
中村さんの場合 ─────── 6
1 ヤミ金からの連日の催促 ……… 6
2 特定調停しか方法はない ……… 7

## 2 はじめてやってみた特定調停
藤原さんの場合 ─────── 14
1 特定調停で取立てが止まる ……… 14
2 特定調停はこわくない。
　簡裁での手続はこう進む ……… 17

## 3 債務整理方針の決定がすべてのはじまり ─── 32
1 時効の援用 ……………………… 32
2 任意整理 ………………………… 34
3 特定調停 ………………………… 34
4 破産（自己破産） ……………… 35
5 訴訟 ……………………………… 35
6 民事再生 ………………………… 36

## 4 特定調停とはなにか ─── 38
1 「特定債務者」とは …………… 38
2 普通の調停より迅速に ………… 39

## 5 特定調停のメリット ─── 40

## 6 特定調停の注意事項 ─── 43
1 無理なく支払える方法 ………… 43
2 調停を選択する基準 …………… 44
3 調停を進めるにあたっての注意 … 45
4 調停成立後の注意 ……………… 45

## 7 特定調停の手続はこうして行われる
相談・受付から完済まで ─── 47
1 相談と受付 ……………………… 47
2 第1回期日（事情聴取） ……… 51
3 第2回期日 ……………………… 54
4 計算書の作成 …………………… 55
5 業者の提出義務 ………………… 56
6 弁済原資の把握と家計管理 …… 57

## 8 借金の問題は法律問題だ！ ─── 59
1 あなたはサラ金業者と対等です！… 59
2 お金は、法律に従って貸し付けられ、法律に従って返される ……… 60
3 どうしよう？ではなく、どうにかしましょう！ ……………… 63
4 正しく裁判所を使おう！ ……… 64
5 そのほか知っておきたいこと … 64
6 借金問題は「生活慣習病」？ … 65

●資料

**資料1** 特定調停申立書 ················································· 68
　　　　特定債務者であることを明らかにする資料（提出資料）　家計収支表
　　　　関係権利者一覧表①（提出資料）
　　　　関係権利者一覧表②（提出資料）
**資料2** 調停調書 ······················································· 74
**資料3** 分割払いの例 ··················································· 75
**資料4** 債権債務なし（いわゆる清算条項）による決定例 ··················· 76
**資料5** 債務なしで決定された事例 ······································· 77
**資料6** 計算書（調停前） ··············································· 78
**資料7** 計算書（調停後） ··············································· 79
**資料8** クレジット・サラ金相談票 ······································· 80
**資料9** 特定調停申立書（記載例） ······································· 82
**資料10** 可処分所得の具体例 ············································ 84
**資料11** 特定調停チェックシート ········································ 85
**資料12** 貸金業者に対する金利規制の強化の経緯 ·························· 86
**資料A** 小冊子　特定調停（サラ金調停）の申立てをお考えのあなたに ······ 87
**資料B** 照会（回答）書 ················································· 91
**資料C** 特定債務者の資料等 ············································· 94
**資料D** 催告書 ························································· 100
**資料E** 業者に対する債務者の取引履歴の提出を命じた例 ··················· 102
**資料F** 計算書を出さない業者に対する過料制裁決定 ······················· 103
**資料G** 多重債務調査表など ············································· 104

●条文など

　特定調停法 ·············································································· 106
　特定調停手続規則 ········································································ 110
　民事調停法（抄） ············································· 112
　利息制限法 ··················································· 116
　出資法（抄） ················································· 117
　貸金業規制法（抄） ··········································· 119
　貸金業の規制等に関する法律施行規則（抄） ····················· 125
　事務ガイドライン（抄）
　金融監督等にあたっての留意事項について ······················· 126

●コラム／知って得するワンポイント知識

　ヤミ金 ······················································· 11
　17条決定とは ················································· 37
　整理屋提携弁護士 ············································· 42
　主債務者と連帯保証人 ········································· 46
　利息制限法と出資法 ··········································· 66

# 1

## ヤミ金融に悩む夫婦の話、ある日の相談で…

**ケース** 中村さんの場合

いまや、ヤミ金融業者が電話やファックスを用いて、借金を勧誘する時代です。携帯電話のメールやファックスに次々とヤミ金融の案内が表示されるようにもなりました。ある日、中村さんは「直ちに貸します！」との文句に飛びついたことから、ヤミ金に追いかけ回される日々が続いています。

## 1　ヤミ金からの連日の催促

　吉田司法書士は、知り合いの近田さんに頼まれて、兵庫県西脇市に住んでいる中村さん（仮名）ご夫婦を訪問しました。

　中村さんのお宅は、一目で荒れすさんでいる様子がわかりました。ファックス付きの留守電には、一昨日から「入金！」とだけ書かれたファックスが20枚、「連絡ください」と書かれたファックスが20枚、繰り返し送られていました。中村さんは吉田司法書士の姿をみるなり、「先生のところなら助けてもらえると聞きました」と泣きついてきました。

　聞くとヤミ金に手を出し、追い込まれてしまい、怖くて家にもいられないし、親兄弟のところにも電話がかかっているとのこと。西脇市では、生涯学習まちづくりセンターで弁護士の法律相談、総合福祉センターで心配ごと相談が行われているのですが、法律相談は予約で一杯で、心配ごと相談では、今ひとつ具体的なアドバイスが受けられませんでした。

ヤミ金からは、連日、「コラ！　わいをなめとんか。いつになったら返すんや？」とか、「だましとったな！　詐欺やないけ、コラ！　どないしてくれるねん。おーおー、ええ根性しとんな。おまえんとこやなくても、親兄弟のとこ、行かしてもらうからな。ええか、腹、くくっとけよ」というような電話が毎日かかってきていました。中村さんは、電話の呼び出しや、ファックス、郵便配達にピリピリし、仕事が手に付かず、不安で不安で体調が狂ってしまっているとのことでした。

ヤミ金に手を出したのは約２ヶ月前で、50万円まで貸し出すというので電話をかけみました。しかし、「あなたは実績がないので最初は３万円からです」と言われ、１週間で５割の利息と説明されました。「実績を積めば約束の額をお貸しします」というので借りたのですが、返済時期になると他社からも勧誘の電話があり、次々借りてどうしても払えなくなったようです。なかには、「中村さん、ご入用でしょうから振り込んでおきました」と申し込んでもないのに振り込まれたこともありました。総数は23社にも上っていました。

中村夫婦は、もともとはテレビの通販などでちょっとぜいたくなものを買った程度だったのですが、夫の残業やボーナスが大幅にカットとなり、サラ金のテレホンキャッシングで借り始めました。初めは大手だけだったものが、サラ金からは新たな借り入れを断わられ、携帯電話に送られてきた匿名の電子メールに書かれていた「直ちに貸します！」との文句に飛びついたということでした。

## 2 ｜ 特定調停しか方法はない

中村さんの宅の事情を詳しく聞くと、夫は不動産業者の従業員で手取り18万円です。バブルのころ、宅建業取引主任者の免許を見込まれて西脇市にＵターンしてきたのでした。妻は中国道沿いにあるホテルの清掃と郵便配達のアルバイトで８万円の収入がありますが、子どもは２人で、保育園の費用が月３万円要るし、家賃７万円、食費や光熱

費で8万円かかり、夫も仕事柄自分もちのガソリン代が3万円いるとのことでした。そうすると、収入が26万円になりますが、それから諸経費21万円を引くと5万円余ることになるものの、これまでの借金の合計は250万円あるため、毎月その返済に15万円はかかるのでどんどん借金が膨らんでいったとのことでした。

本来なら、破産手続をしてもいい状況ですが、破産により宅建の免許がなくなるかもしれないこと、そして西脇に住めなくなるのではないかという心配で、これまで無理を重ねてきたのです。

吉田司法書士は、憔悴しきっている2人に「ヤミ金は犯罪やから払わんでええ。とりあえず、警察に相談に行って、『取立てにきたら110番しますのでよろしく、家族に取り立てに行ったらすぐ警官に飛んできてもらいます』といえばいい。あとで警察に電話したるし、しつこかったら私の連絡先を教えたらええさかいに、心配せんでええから、それより全体を解決するのにどんな手立てがうまいことゆくか、一緒に考えまひょ」と励ますように言いました。(→ヤミ金の対処法は、コラムのヤミ金(11頁)を参照ください)。そして、「ただ念を押しておきますけど、具合の悪いこと、言いにくいことを隠してると、結局はあかんようになるさかいに、ほんまのことを出し切ってくれなあきまへん」と中村夫婦の眼をじっとみて言いました。

しばらく2人は相談していましたが、やがて「実は」といって、さらに3件60万円を借りていることを告白しました。このうち2件はあまりたちのよくないサラ金で、残りの1件は親戚から借りているということでした。親兄弟にももう迷惑をかけきっていてこれ以上期待できないとのことでした。今後の返済計画について、夫は「ガソリンスタンドで時給800円のアルバイトの口があるので、月2万円くらいは稼げます。一生懸命がんばりますので何とか助けてください」とすがるように言い、「どんな方法がよいのでしょうか」と吉田司法書士に尋ねました。

そこで、吉田司法書士は、借金を解決する法的手段として、特定調停と民事再生、破産について、図(次頁)を見せながら、説明をすることにしました。

## どの方法を選択するか

自分の条件を線でたどってみよう。2種類の線があるものが可能です。

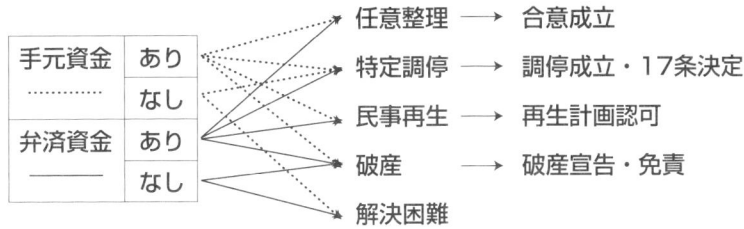

　まず、吉田司法書士は、特定調停の特徴は、①申し立てが難しくなく本人ができる、②費用がともかく安い、③サラ金からの催促が止まる、④利息制限法で引き直すので、減額できる、⑤債権額が固定され普通将来利息が付かず分割払いができる。ただし、原則的には、月額債権額の2～3パーセントの支払いの目処があること（原則2～3年で完済予定、もちろん相手のある話で金額が少なければもっと短いこともあれば、金額や借り主の資力によっては5～6年になることもあります）、⑥債権者が分散していても、ひとつの裁判所でしてくれる、⑦ほとんどの業者が調停に応じてくれる、⑧ほぼ3～6ヶ月以内に解決できる、ことなどそのメリットをゆっくり話しました。

　つぎに、吉田司法書士は、民事再生[*1]や破産という方法もあり、民事再生では8割カット、破産では免責になると全額免除になること、給与者は小規模再生を受けやすいが手続きが難しいこと、さらに財産と言えるようなものがほとんどない簡易なケースでも民事再生では弁護

---

*1　民事再生　民事再生には、小規模個人再生手続、給与所得者等再生手続、住宅資金貸付債権に関する特則があります。
　債権調査、確定手続や再生計画の決議が簡素化され、通常の再生手続に比較して簡易迅速な進行が可能です。
　要件としては、給与その他の定期的な収入のあること、無担保債権の総額が3000万円以下であること、可処分所得で原則債権の20パーセントを3年（最長5年、給与所得者等再生では2年以上）で支払えることです。
　効果としては従来の債権が権利の変更により80パーセントカットされます。
　住宅ローン債権については特則があり、できる限り住宅を手放さずに経済的再生を果たすことができるよう住宅ローン弁済の繰延べをしてもらえることになっています。期限の利益回復型（延滞を解消してもらい、もとの契約どおりに戻る）、期間延長型（最終期限を10年延ばしてもらう）、元本猶予型（10年延ばしてもらい、他のサラ金への支払い中は弁済額を低くしてもらう）があります。

士費用や予納金で少なくとも30万円以上は必要であること、破産でも20万円以上いるが、法律扶助協会の扶助（貸付）を受ける方法もあることを説明しました。

　最後に、破産は資格制限にひっかかるし、破産も民事再生もそれなりのお金がいるし、本人でするのは難しいということ、そのようなお金が準備することができないのなら、利息制限法で引き直すとなんとか分割で払えるようなので、特定調停なら何とかなりそうだと告げました。

　2人は一日でも早く安心して暮らしたい、司法書士からサラ金に通知してもらうと、もう催促がこなくなると聞いた、まとまった金もないし、宅建主任の仕事のこともあるので、破産[*2]という方法ではなく、なんとか円満に払って解決したいと訴えました。

　そこで、吉田司法書士は「特定調停しか方法はない」といって特定調停を進めることにしました。

　そして、借金の残額の2～3パーセントの原資（月額）がいること、幸い2人の場合は、7年以上借りているものが多いので過払いになっているはずだから、何とかなる見込みがあるとアドバイスしました。

　2人は必要書類などの説明を聞いて安堵の胸をなでおろしました。

---

＊2　破産のメリットとデメリット
○メリット
　①免責が得られると支払義務がなくなる（詐欺行為など重大な背信行為があった場合は除く）。
　②個別の債権者ごとに相手にする必要がなく一括処理ができる。原則全債権者に強制的に効力がでる。
　③催促が止まる。
　④思うほどの不利益は受けない。日常生活は自由、新たな収入で、旧の借金の返済をせずに暮らしていける。選挙権もあるし運転免許、医師免許、建築士の資格など現業的な仕事・普通の仕事には影響がない。ただし、警備員、保険の外交員、宅建主任など復権（免責などが復権の要件〔破産法第366条の21第1項参照〕）を得るまでできない仕事もある。
○デメリット
　①自分でするには手続きが難しい。
　②弁護士等に頼むと当然費用がかかる（法律扶助もある）。
　③持ち家や高価品などを失うこともある。
　④免責が決まるまで早くてだいたい6～12ヵ月かかる。
　⑤詐欺的行為、浪費、ギャンブルなどが原因で借財を重ねた人などは免責を受けられないので、破産をしてもあまり意味がない。
　⑥債権者もほとんど支払いを受けられない。
　⑦10年間に2度と免責を受けられない。

# 知って得するワンポイント知識

## ヤミ金融

### ●「ヤミ金融」とはなにか?……金利で判断しよう

　「ヤミ金融」とは、通常無登録の貸金業者を指しますが、最近は「登録ヤミ金」が横行していて、多くの業者が都知事登録をしていることから、登録の有無だけでヤミ金融か正規の貸金業者かの判断ができなくなっています。今は、ヤミ金かどうかの判断はもっぱら金利のみで判断します。別のコラム（本書66頁）でも紹介している出資法の上限金利の年利29.2％を超える金利を取る業者を「ヤミ金」と呼んでいます。

　ヤミ金の金利は10日や1週間で5割や10割といった途方もない高利が散見され、その取立ても粗暴・陰湿を極めて、債務者の家庭生活や業務を徹底的に破滅させています。また、取立てや嫌がらせ電話は債務者本人だけでなく債務者の家族・親戚はては会社の上司や隣近所にまで及び、債務者を精神的に追い詰めていきます。

　ダイレクトメールや雑誌・スポーツ新聞の広告等で広く顧客を勧誘してサラリーマンやOLといったごく普通の人々が表向きの金利（広告には2～29.2％の表示）に騙されて融資の申込みをして被害にあっています。具体的には、はがきやダイレクトメールの条件で申し込むと、「最初は信用をつけるために……」とか言ったもっともらしい理由をつけて2万～5万の融資で、1週間の利息が3～10割の条件を提示されます。「2～3回返済すれば、はがきの条件でお貸しします」と言うのはでたらめですので注意してください。彼らは、はなからそんな条件で融資する気はありません。

　一般の消費者金融の支払いが遅れたり、破産決定や免責決定を受けると、「審査済」と押印されたダイレクトメールが配達されてきて、「無担保」「無保証」「スピード審査」のうたい文句が記載されていますが、これらはほとんどが「ヤミ金」です。決して手出ししてはいけません。

### ●ヤミ金の弱点……返還義務のない借金という意味

　ヤミ金の弱点は出資法違反により摘発されれば処罰される危険を抱

えていて、彼等自身もそのことを承知しているという点にあります（年29.2％を超える利息の契約をし、又は当該利息の受領をすることは、出資法第5条2項に明らかに違反し、5年以下の懲役若しくは、1000万円以下の罰金またはそれらを併科される行為です）。したがって、法的な解決の土俵に乗せることが最も適切な解決方法です。

　○出資法の制限金利を超える融資は、暴利行為であり、公序良俗に反し民法90条により無効である
　○ヤミ金から受領した金員は不法原因給付にあたり、民法708条により返還義務のないものである。
　○金銭消費貸借契約が無効である以上、支払った利息は全額が不当利得にあたり、民法703条により返還請求することができる。

以上から、
　○ヤミ金業者は「犯罪者」であって、債権者ではない。
　○借りさせられたお金は返さない。
　○払わされたお金は取り返す。

とした基本姿勢をしっかりと認識してください。

　ヤミ金の貸付は犯罪行為なのでヤミ金業者との契約は無効で、元々借りた元金だけを返せばよいのです。その上に無理に借りさせられたり、騙されて貸付られたりした場合（低利一本化で誘われた等）は、法外な利息を搾取するために交付されたお金ということで、その元金さえ返す必要がないのです。しかし、元金も返さないとなると業者の抵抗は激しいものになるので相当の気構えが必要です。しかしながら、最初から返す意思もないのに借りて、元金を返さなければ詐欺となり、逆にあなたが犯罪者となりますので注意してください。新貸金業規制法では年109.5％を超える金利の契約は無効と明記してあります。

### ●ヤミ金「被害者」がするべき対応

①警察（生活安全課・生活経済課）へ出向いて相談する。
　必ず所轄の担当部署（生活安全課等）に行ってください。交番や駐在所では対応できない場合が多いからです。このときに警察は、「お金の

## 知って得するワンポイント知識

貸し借りは民事であるから警察は民事不介入の原則があり介入できない、殴られて怪我をしたら110番しなさい」と言われることもありますが、「出資法第5条2項に違反する。年29.2％を超える金利を（利息、返済条件）取っていることは刑事罰にあたるので、「被害届け」にきました。」と告げ、「もし相手が取り立てに来たら、『110番』しますのでよろしく」とお願いしておきます。

②相手方に対し貸金契約が違法行為であることをちゃんと口に出して言えるよう記憶する。

③相手方や違反事実を特定する。

借用書や領収書などの書類がないとしても、業者の名刺・チラシ・振込の控え・振込専用通帳・自分のメモ・手帳や日誌への記録など、「いつ、いくら借りて、いつ、いくら支払ったか」を再現する手がかりを準備します。悪質取立の事例も多いので、業者との会話を録音するようにします

④相手方に通知する。

上記の基本姿勢を毅然と貫き通せば大方のヤミ金は手を引きます。それでも手を引かない場合は、もう一度警察に相談に伺ってください。

### ●詐欺行為の「カラ貸し」

また、最近は「カラ貸し」と言い、まったく貸付もしないで「債権譲渡を受けた」と言って脅迫電話をかけてくる業者（こうなれば「業」ではなく完全な「犯罪」ですが）がいます。

これらの業者は「債権を譲り受けた」と言っていますが、実際は債権譲渡を受けずに、見込みだけで電話してきているだけで、「どこの債権ですか？」と尋ねても、「払ったら教えてやる」と言って答えません。

こういった業者には、「債務はすべて法的に整理して解決しています」と強い口調で言えば引き下がります。

いずれの場合でも、肝心なのは弱気な口調で応対しないことです。弱みを見せれば相手は付け込んできます。強い毅然とした態度で臨んでください。

# 2 はじめてやってみた特定調停

**ケース** 藤原さんの場合

藤原さんは人がいいので、付き合いで場外馬券売り場に馬券を買いに行くことがよくあります。競馬で負けた穴埋めをするためにサラ金のATMから金を引き出すことがありました。借金はボーナス払いで返せばよいと思っていたのですが、折からの不況でそれもままならず雪だるま式に借金が増えてしまった。サラ金業者から催促の電話が自宅や会社に入るようになった。

## 1 特定調停で取立てが止まる

　ある日の朝のことです。吉田司法書士事務所[*3]には、朝一番の8時半ころには借金の相談がよく飛び込んできます。
　今朝は、西脇電気の社長芦田太郎さん（仮名）からでした。

　芦田社長「センセェ、朝早ぉからすんませんなぁ、実は、うちの従業員が借金してるみたいで、サラ金からしょっちゅう電話かかって来て、往生してまんねん。どないしたらよろしおま？」。
　吉田司法書士「この電話だけでは、状況がようわかりまへんので、

---

*3 司法書士（「町の法律家」）　一般に、「代書屋さん」とか土地建物の登記をする仕事と思われています。しかし、実は、司法機関（裁判所・検察庁・登記所として親しまれている法務局）などに提出する書類の作成を業務の内容としています。平成15年からは、簡易裁判所での民事裁判の代理権も与えられたので、簡易裁判所で裁判をするときには、原告や被告に代わって、手続や弁論をしてくれたり、証人尋問をしてもらえるようになりました。司法書士会では、「町の法律家」として、自分たちの仕事の広報、普及を図っています。なお、お金を借りた人は、弁護士だけでなく、司法書士に解決を依頼した時点で、サラ金からの取り立てがストップします。

本人にあるだけの資料を持たせて事務所に来てもおてください」。

　その日の仕事が終わって、やってきたのは、藤原忍さん（仮名・30歳）でした。ご多分にもれず、手ぶらでやって来ました。
　大抵の債務者[*4]は、伝票や控えなどの資料は、どこかに捨ててしまっています。

　吉田は、いちいち「何も持たんと来たんか？」と聞いても仕方がないので、「まあまあ、おかけ」とソファに座らせ、これに書いてくださいと、「クレジットサラ金相談票」（80頁資料8参照）を藤原さんに渡しました。
　吉田に「金額は大体でいいですから、具体的な会社名と借りた時期を書いてください」と言われたところ、藤原さんは、おもむろに財布からカードを出し始めました。
　財布から出るわ出るわ、クレジットとサラ金のカードが8枚も、A社、B社、C社、D社等々……。
　藤原さんは親一人、子一人の静かな家庭で、町内会の青年団長もしていて、近所づきあいもいいのですが、人がいいので、ついつい仲間におごってしまったり、付き合いで阪神、姫路、園田競馬や神戸・元町の場外馬券売り場に馬券を買いに行っていました。
　阪神競馬に行くと、負けた穴埋めをするためにサラ金のATMから金を引き出し、小遣いになったと錯覚して天下一品のラーメン（天下一品のラーメンのおっちゃんはええ人です）で腹いっぱい食べて、ビールを飲んで憂さを晴らしていたということです。
　借金はボーナス払いで返せばよいと思っていたのですが、折からの不況でそれもままならず雪だるま式に借金が増えてしまったというのが真相です。

　藤原さんの自宅や会社には毎日、業者から電話がかかってくるよう

---

＊4　債務者　ここでは「お金を借りた人」を「債務者」、「貸した人」を「債権者」と言います。

になりました。
「お支払いはまだですか？」。
「このままでは、ご自宅や会社にお伺いすることになります」という電話です。

　そうこうしているうちに、業者から2人組の男性が自宅にやってきました。一人は「手ぶらでは帰れまへんがな」と言う係でした。もう一人は体のがっちりとしたいかつい顔で、にらむと怖い感じの男でしたので、藤原さんはお母さんから1万円をもらって返したそうです。
　吉田は、話を聞きながら負債総額が300万を超えそうな雰囲気、かなり返済が難しいかもしれんなと思ったのですが、よくよく聞くとそのうち、数社は本人がいつからか記憶がないほど大昔から付き合いがあるようです。過払い[*5]でかなり圧縮できそうな雰囲気です。

　吉田は、これなら調停でいけるなと即断し、藤原さんに、
「調停の申立て[*6]をしましょう。取立て[*7]があったときに、裁判所でもらった事件番号を言うたら、それ以降の取立ては、禁止されてますから」
と説明しました。

---

＊5　過払い　利息制限法に違反してなされた契約上の利息の利率は、たとえ、はんこを押したとしてもその超える部分が無効となります（詳しくは本書60, 66, 86頁参照）。利息制限法を超える利息の支払いは、その超える金額部分については元金に充当されます。充当を行って、その元金を超える金額については、払い過ぎということになりますので、その払い過ぎた部分を「過払い」と言います。出資法によって刑事罰が科せられることになる金利と利息制限法の定める利率との間に差があり、これを「グレーゾーン」とも言います。貸金業者の実態としては、このグレーゾーンの金利を回収することによって営業を成り立たせていることが多く、そこで貸金業規制法43条の定める厳格な条件を守った業者については、この超過部分を債務者が任意に支払った場合には、有効な利息の支払いをしたとみなされることになっています。しかし、現実の実務では、ほとんど上記43条の要件を貸金業者が守ることができていないため、43条の適用は認められず、利息制限法に基づいて超過支払い利息の元本充当がなされているのが大勢です。

＊6　調停の申立　調停とは、裁判所で相手方と話し合って、問題（紛争）の解決を図ろうとする制度。この制度を利用するには、裁判所に調停をしてくださいと申し立てる必要があります。

＊7　取立て　ここでは、業者が借金の催促をすることを指します。実際には、業者が債務者の自宅や職場を訪問したり、電話をかけたり、ファックスを送るなどの行為を言います。貸金業法21条（本書121頁以下参照）で、業者に対する具体的な禁止事項が定められており、読者の今の状況に照らしてみてください。

藤原さんは、司法書士にアドバイスを受け、自分で調停申立てをすることにしました。
　翌週、加古川の簡易裁判所まで申立書を出しに行き、申立書に受付印を押してもらい、事件番号（平成15年（特ノ）第〇〇号〜第〇〇号）の記入をしてもらいました（82頁資料9参照）。[*8]

　申立ての翌日、藤原さんにA社から電話がありました。
　A社「支払い遅れてるようですが、どないなってますのん？」。
　藤原はびくびくしながら「実は、ほかにも借金があり、どうしようもないので、昨日の午後、裁判所に調停の申立てしに行って来ましてん。事件番号は加古川の裁判所の平成15年（特ノ）第〇〇号です」。
　A社はあっさりと「ああ、そぉかぁ、事件番号は間違いないですな、ほな、裁判所からの通知を待ちますわ」と電話が切れました。
　藤原さんは「どこから知恵つけてもぉたんじゃ、コラ！、今から行くから待っとけ」とでも言われるかと思っていたのですが、他の会社からもあっさりと引き下がられたので、拍子抜けした感じでした。

　藤原さん親子には、とりあえず取立てが止まり、平和が戻りました。

## 2 特定調停はこわくない。簡裁での手続はこう進む

### ① 第1回調停期日

　藤原忍さんは、加古川簡裁での第1回目の調停期日を迎えました。[*9]
　調停申立てが受理されて、約2週間後、裁判所から調停呼出状が送

---

*8　受付印　裁判所に正式に提出された文書にはそのことを明らかにするため受付印が押されます。受付印には日付、裁判所名や受付番号を記載したものが多く、ほとんどの裁判所では求めに応じ持参した控えにも受け付けたことを明らかにするために押印してくれます。受付後、裁判所の日付と番号の入った書類を金融業者に示すことが大切なので、受付のときに日付を押してもらうだけでなく、番号もいれてもらうようお願いすることが必要です（82頁資料9参照）。

られてきました。第1回調停期日は申立てから1か月近く経った日の朝10時でした。
　藤原さんは、農作業にも使う通勤用の中古の軽四自動車を持っているのですが、30キロ離れた加古川に行くのに国道175号線が混んで、遅刻しては行けないので、JRで行くことにしました。
　西脇に近いのは社簡易裁判所なのですが、社にはサラ金の支店がないので、管轄は加古川の裁判所となります。
　午前8時21分発の列車に乗らないといけないし、片道570円で馬鹿にならないのですが仕方ありません。
　加古川の裁判所は、駅から南東へ歩いて15分くらいかかります。裁判所は県立加古川病院を目印にしないと見落としてしまいそうですが、申立ての時に足を運んだので、もう裁判所に行くのは迷いません。
　でも、藤原さんは、やっぱり、取立てに来たこわいおっさんと会うのはかなわんと思って、朝から不自然なサングラスをかけ、この半月前からひげも伸ばして、業者と出会っても、「オラ！　藤原！」と声をかけられないようにしてきました。
　その上、裁判所には、9時半には着いて、業者に会わないように書記官[10]のいる事務室に駆け込みました。

---

[9]　簡裁　正式には、簡易裁判所のことで、市民に一番身近な裁判所。取り扱うのは、民事では90万円（平成16年4月1日からは140万円）までの事件、刑事では罰金刑や選択として罰金刑が定められている事件、窃盗などの軽微な事件です。少額訴訟、督促手続、民事調停など簡易裁判所ならではの特徴的な手続もあります。調停のなかでも特定調停の増加は著しく、ますます調停委員や書記官の活躍の場が求められています。さらに、調停室や電話・コンピューターなどの設備の拡張も必要です。
　裁判官の数の多い大きな簡裁では、調停だけを専門に担当する裁判官がいますので、1週間のうちで、調停する日は多くなります。しかし、裁判官が1名しかいない簡裁も多く、そこでは、裁判官は、民事や刑事の裁判（交通キップ）なども行っていますので、調停をする日は曜日が限られています（週のうち2日など）。特定調停事件は、年々増加している庁も多いので、第1回調停期日が入る期間は裁判所によって異なってきます。

[10]　書記官　正式には裁判所書記官といい、法廷や調停の場における調書の作成、記録の保管、書類の送達、督促手続などの事務を行います。最近では裁判官と共同して事件の進行管理、争点整理も行うなどその役割が重視されてきています。裁判所には、他に職員としては事務官、調査官、速記官、外部の人としては、調停委員、司法委員などがおり、協力しながら公平・迅速・適正に事件処理が行われることが期待されています。

書記官は、最初「なんやこの人⁉　朝早ぉ来てからに……」と思ったようですが、あまりに藤原さんがびくびくしているので、「藤原さんですか？第１回目は業者は来ません。申立人待合室で待っといてください」と無愛想に言いました。

　午前10時になりました。
　一人のおばちゃん（大西調停委員）が「藤原さん、調停室の１に入ってください」と呼びに来ました。
　調停室に入ると、もうひとりのおっちゃん（松本調停委員）がいました。藤原さんは、この人が裁判官か～！　と心の中で思いましたが、裁判官ではありませんでした。
　大西調停委員は、中学校の社会科の先生を30年して、厄神（加古川市）の隣保（自治会の班）の役もやっていたことで推薦された人でした。松本調停委員は高砂で税理士をしている人でした。
　裁判所の職員や調停委員には名札も付いていないし、自己紹介をする人もほとんどいないので、調停委員を裁判官に錯覚する人も多いようです。
　２名の調停委員は、「申立書と資料の内容に間違いはありませんね？」といきなり切り出しました。
「は、はい！　間違いありません！」と藤原さん。
　調停委員「ここに書いてあるだけですね？　他の人や業者からは借

---

＊11　調停委員　民事調停、家事調停において裁判官とともに調停委員会を構成し、当事者双方の話を聞いて調整し、紛争の解決を図ります。医師、弁護士、司法書士、税理士、建築家、大学教授などのさまざまな専門家もいますが、主婦などの普通の市民からも選ばれています。その選定手続の透明性の確保や公募制を求める声もあります。調停の特徴でもある正式裁判ではなく簡易迅速な話し合いや法的判断を踏まえた解決を求める要望も多いし、ADR（訴訟外の紛争解決手続）として、今後の需要も増大すると思われますので、ますます調停委員の活躍が期待されます。

＊12　裁判官　裁判官の仕事は、紛争や犯罪などについて証拠に基づき事実を認定し、その事実に法令を適用して民事・刑事の判決・決定などを行い、具体的な紛争を法的に解決するための公的判断を行うことです。裁判官には、最高裁判所判事、判事、判事補、簡易裁判所判事などの種類があります。任期は10年で、再任もされます。裁判官の職務は、その良心と法律に基づき、各自の独立が保証されています。合議といって３人で担当する裁判もありますが、簡裁では１人の裁判官が裁判します。ここに出てくる特定調停は、裁判官が調停委員会における「調停主任」という役割を担っています。

金してませんね？ これ以外に借金があったら、途中で返せんようになりますよ」
と突っ込みました。
　藤原さんは、「うそ言うてません。これだけです。生活が精一杯なんですわ。なんとかなりまへんか？」。
　調停委員は「いつごろから借りてるか、詳しくわかるような資料を持ってきてますか？」と聞くので、
　藤原さんは「すんません、これしかないんですわ」とくちゃくちゃになった伝票を3枚持って来ただけでした。
「おお、よう持って来られましたなあ」と調停委員に言われたので、怒られると思っていた藤原さんは逆に意外でした。
　でも、実はくちゃくちゃの伝票3枚でもあるだけましでした。
　何もなければ、業者の一方的な計算書にしたがって、調停が進んでいくしかないからです。

　続いて調停委員は関係権利者一覧表（72頁参照）にしたがって、借金の全部について聞き出し始めました。
　ある会社は、平成12年に30万円借りたと書いていましたが、話を聞いてもらっている間に、その2年前にたいこ弁当の仕出しの支払いと母親の急病が重なり急な出費があったことがきっかけで、5万円借りたことを思い出しました。
　銀行の通帳もたまたまポーチに入れてあったのを思い出し、それを見ると、業者からの振込みと返済のための送金の記録がはっきりと残っていました。
　藤原さんは、「そういえば、阪神競馬ですってもて、仁川の阪急そば食べる金ものうなって、カードの契約しましたわ、いつやったかなあ……」と借入日を思い出しました。
　前に出した家計収支表（71頁参照）を見ながら調停委員が「返済計画を立てるとこれやったら、3年で返すとして、月額46,000円でいけますね？」と聞きました。
　藤原は「いけます」と頑張りました。

調停委員は「では、次回期日は1ヵ月後の7月17日の10時ですが、大丈夫ですか？」と質問しました。

藤原さんは、「この日は、法事ですねん、その前の日ではあきませんか？」。

調停委員は、「ほな、1週間あとの24日にしましょう。全部の会社を呼んで、30分ずつの合計約4時間ですよ。昼ごはん挟んで、3時過ぎまで体空けといてくださいよ。次回は呼出状を送りませんから、ちゃんとメモしてくださいよ」と言いました。

藤原さんは、手帳に日を入れました。

最後に調停委員から「支払いが止っているのやから、ひと月頑張って、次回までに1回分の支払いができるようお金持ってきてください」と言われて、今日の調停期日は終わりました。

### ② 第2回調停期日

1ヵ月後に第2回調停期日が開かれました。

藤原さんは、加古川の簡易裁判所に都合3回通ったことになります。

今回、藤原さんは、給料日にもらった月給から5万円用意して持って来ました。

今日は長丁場になりそうです。業者側8社が来ると、1社30分ずつで4時間になりますが、全部の会社が来ることは、むしろ少ないのが普通です。

調停委員は、9時には来て、控室ですでに今日の書類の確認をしています。

●午前10時～　**A社** (大手クレジット会社、計算書あり、過払い)　…………

この会社は、計算書を出して、「債権債務なしの決定でお願いします」という上申書を出してきています。

よく見ると、残元金が「－9万421円」になっており、過払いであるということが明白でした。

調停委員たちは、藤原さんを調停室に呼び、話し合いを始めました。

松本調停委員は、計算書を示しながら、「ここに、9万421円と書か

れてるでしょ？　これはね、過払い言うてお宅さんが、結果として、余分に9万421円も払ろてはった金額ですよ」と説明してくれました。

　大西調停委員は、藤原さんを覗き込むように「これ、業者さんから、『債権債務なしの決定でお願いします』という上申書が出てきてますよねぇ？　このとおりしていいですよね？」と説明してくれました。

　藤原さんは、とっさに昨夜の吉田司法書士との打合せを思い出しました。

　吉田司法書士に、「過払いのときは、『債務なし$^{*13}$』だけの決定をもらいなさいよ。『債権債務なし$^{*14}$』言う決定は、絶対にもろてきたらあきませんよ」と強く言われていたことを思い出しました。

　藤原さんは、調停委員に「いや、それではあきません。『債務なし』だけの決定でお願いできませんか？」と言いました。

　松本調停委員から「あなたねえ、業者さんに逆らうような決定もろたら、決定が出ても、異議$^{*15}$が出て、調停がなかったことになって、また督促が始まりますよ？そんなんどないしますの？」と言われました。

　藤原さんは、すごい不安になりました。今までの朝晩の取り立てに恐怖を覚えていたので、また業者のおっさんが来たらどないしようと思いました。藤原さんは、調停委員の許しを得て、吉田司法書士の事務所に電話するために、外に出ました（最近は、裁判所に公衆電話がな

---

*13　債務なし（の決定・調停）　過払いの項ですでに説明したとおり、利息の元金への充当計算を行ったところ、残元金がゼロとなったり、過払いが出るというケースがあります。これを借金（債務）がないという意味で、「債務なし」と言います。過払いが出ていて、その金額が相当多額の場合には、本来の借り主の方が、逆に貸し主に対し、その過払金の返還を請求できることとなり、この意味で、貸主に債権を有するので「貸主に対する債権者」ということになります。したがって、決定や調停で借り主には債務がないということを確認する条項をいれることになりますが、互いに「債権債務がない」という条項になってしまうと不適切ということになります。（77頁資料5参照）。

*14　債権債務なし（の決定・調停）　利息の元金への充当計算を行った結果、残元金がゼロや過払い金が少ない場合は、双方が互いに何らの請求権もないということで了解する場合には、「互いに債権債務なし」という条項を使っています（76頁資料4参照）。

*15　異議　ここでは民事調停法17条にもとづく調停に代わる決定（「17条決定」と言います。詳しい説明は本書37頁参照）に対し、貸金業者がそれを不服として異議を申立てることをさしています。異議が出ると17条決定は法的には効力を失いますが、過払金がある場合には借りていた方から、そのような貸金業者に対し過払金返還請求の訴えを起こすこともできます。

くなっている場合が多く、注意が必要です）。

　吉田司法書士は、「あんた、過払いやろ？　9万円も払いすぎて、あんたのお金やで。そんなもん異議出たら訴えたったらええんや」と再度アドバイスをしました。

　藤原さんは、もう一度、調停室にドキドキしながら戻り、「センセェ（実は、委員さんと言っても、先生とまで言う必要はない）、やっぱり私のお金ですわ、何とか債務なしということでお願いできませんやろか？」と頑張りました。

　大西調停委員は、「あのねぇ、9万円なんてねぇ、すぐ返ってこないのよ。裁判せんと戻ってこないのよ。こんな額でねぇ、弁護士さんもこんなんやってくれへんのんよ」と説得を始めました。

　それでも、藤原さんは、頑張ったので、調停委員は業者に電話を入れ、あらかじめ「債権債務なし」の意見書が出てはいましたが、「債務なし」の決定を出すかもしれないがどうかと尋ね、業者もしぶしぶ了解しました。

　調停委員たちは、「裁判官と評議します」[*16]と言って、調停を担当する裁判官の部屋に行き、裁判官に相談しました。

　裁判官と相談した結果、本人も司法書士によく相談しているようだし、異議が出たときの意味もよくわかっているようだしということで、債務なしの17条決定[*17]を出すことにしました。

### ●午前10時30分～　　D 社（大手サラ金、計算書あり、残債務あり）………

　10時30分からの事件は、D社から計算書が出ており、「出頭しないので、分割払い（毎月13000円、24回払い）の17条決定を希望する」

---

*16　評議　調停委員会においては、その構成員である調停主任裁判官・調停委員が、事件の進行や17条決定をするかどうか、あるいは提出命令を出すかどうかなどについて協議し、調停委員会としての意思を決定します。評議は公開していません。

　裁判官は調停以外のほかの事件が入っていたり、ほかの調停が入っているので、普段はとても忙しく、調停委員たちも捕まえるのが難しいのですが、今日はうまく評議ができました。ほかの調停の調停委員さんと裁判官の取り合いになったり、昼食をしばらく待ってもらって、評議をしたりすることもあるようです。調停は、裁判官も一員とする調停委員会として行うものですから、この評議は、必ず必要なものなのです（民事調停法5条1項）。

*17　17条決定→本書37頁参照

との連絡があったとのことでした。

　裁判官は調停委員のと間でなされた評議のとおり、17条決定（毎月7700円、36回払い）をすることにしました。

●午後11時〜　**B社**（大手サラ金、計算書なし、過払いあり）..................

　続いて、B社との間の事件の調停に入りました。

　B社は、調停が申し立てられた当初から、藤原さんとB社との取引経過が記録された計算書を出していません。このため、裁判所も残っている借金の額（残債務と利息）がわからず、返済計画が立てられない状況です。

　裁判所では、調停委員が電話で粘り強く催促しています。

　松本調停委員「もう、調停期日も2回目になってるんですから、ぽちぽち手続に協力してもらわれしませんやろか？」。

　B社社員「うちは会社の方針で、出されしませんのですわ」。

　調停委員「なにが会社の方針ですかぁ！　計算書くらい出してもろてもええでしょ？　そちらさんも特定調停はよくおわかりでしょうけど、特定調停法10条に当事者の責務の規定があって、取引経過を出して、事実を明らかにしなければなりませんよね？」。

　B社「そない言われましてもね、急に言われてもぎょうさんお客さんおるのに、簡単に出てきませんよ」

　調停委員「おたくさん、コンピュータで債権管理してないんですか？」。

　B社「こちらは、支店ですし、簡単にはデータが引っ張り出されんのですわ」。

　調停委員「そんなん言われても、今日が期限や言うのん、ご存知やったでしょ！　殺生ですなぁ、特調法は1条で債務者の経済的再生に資することを目的とすることが書かれてますわねぇ」。

　B社「う〜ん、しゃぁないですな。わかりました。ちょっと待ってください」。

　B社は10分ほどして、ファックスで1年分だけ出して来ました。

調停委員「１年分だけですか！帳簿は貸金業法の施行規則でも取引終了後３年間の保存義務があるでしょ」。
　Ｂ社「いやぁ、そやから、うちは支店ですから、昔のんは、管理センターにおますねん。日数もらわれしませんやろか」
　調停委員「そんなん言われても、おたくの会社、残債があったらプリントした計算書、何年分も支店から出してますやん。そんな言い訳通用しませんがな」。
　Ｂ社「センセェ、ようご存知でんなぁ。わかりました。ちょっと待ってください」。
　Ｂ社は観念して５年前の取引当初からの計算書を出して来ました。計算書から、約１万円弱の過払いが判明し、過払いが少額なので、藤原さんも納得の上、裁判所は債権債務なしの17条決定を出しました。

●午前11時30分〜　**Ｅ社**（中小サラ金、計算書あり、残債務あり）……
　Ｅ社は、10時30分からのＤ社と同様で出頭せず、毎月25000円、18回払いの17条決定を希望しているので、藤原さんの了解の上、毎月12000円、36回分割払いの17条決定を出すことになりました。

●午後１時30分〜　**Ｆ社**（大手サラ金、計算書あり、残債務あり）……
　Ｆ社の社員が出頭してきており、社員が持参してきた計算書をもとにして、分割返済の調停をすることになりました。
　最初は、社員と調停委員の話し合いでした。藤原さんは、待合室で待ってもらうことになりました。
　引き直し計算[*18]をすると約54万円の債務となることから、社員は、「毎月２万円はもらわなあきませんな」と言うので、大西調停委員が「藤原さんは、生活も切り詰めて、他の会社の返済も含めた合計で毎月５万弱支払うのが、やっとなんですよ。そちらさんも少し我慢してくれませんか？」と言いました。

---

*18　引き直し計算　過払いの項でも説明したように、実際の借入日や金額、利息の支払日や金額などをもとに契約の利率ではなく、利息制限法の利率により計算し直し残元金の有無などを算出する処理の仕方（詳しくは60頁、資料６、７〔計算書〕参照）。

さらに、調停委員から１万5000円36回払いの提案を受け、社員は、部屋から携帯で会社の上司に了解を得ました。
　社員が上司の了解を得た後、調停委員は入れ替わりで藤原さんを部屋に招き入れました。
　調停委員は、藤原さんに対し、債務の総額が54万620円であること、支払いは、１万5000円36回払い、最終回に端数も支払うとの提案を了承できるか尋ねました。
　藤原さんは、提案に同意したので、調停委員が「この席で１回目の支払いをしてもらいますから、お金の準備はしてもらってますね？」と言いました。
　藤原さんは、「ナカシン（注・中兵庫信用金庫）で下ろしたばっかりですねん。万札しかおませんねん、どないしましょ？」と調停委員に泣きつきました。
　松本調停委員が、自分の財布から５千円札２枚にくずしてくれました。
　調停委員は、やり取りを記したメモを持って、裁判官室に評議に行き、裁判官も話し合いの内容を確認しました。問題のないことを確認した裁判官は、書記官を連れて、調停室に入りました。社員も呼び入れました。
　藤原さんにとっては、初めて見る裁判官でした。
　裁判官は、調停条項（74頁資料２参照）を一つ一つ両者に確認しました。
　裁判官は、調停条項の確認が終わると、「これで、調停は成立しました。第１回の支払いをしてください」と言いました。
　藤原さんは、１回目の支払いを業者にしました。

●午後２時〜　　**Ｃ社**（街金、計算書なし、過払いあり）‥‥‥‥‥‥‥‥
　調停委員は、続いて、午後２時からＣ社との調停に入りました。Ｃ社は、Ｂ社同様、調停が申し立てられて以来、藤原さんとの取引経過を記録した計算書を出して来ないのみならず、他の会社より、調停に対して、非協力的な態度を感じさせます。いわゆる「街金」で、ど

うやら、大きな過払いがあるようです。C社は出頭していないので、裁判所から電話をかけることにしました。

松本調停委員「おたくの会社ですがね、計算書出てませんが、出していただけませんか？」。

C社社員「出してくれまへんか言うて、何言うてんのん？　こっちがどういう立場かわかっとるやろ？」。

調停委員「どっちの立場や言われても、そちらは債権者やないですか？裁判所に債務者がなんぼ借りているか、教えてもらわれへんのですか」

C社「なに？　教えてもらわれへんですかやと？　貸した金は、直接返すんがスジやろ？　調停みたいなことせんと、本人が直接店に来てもぉたら済む話やないか？　直接来てもぉたらええやろ、来させや!?」

調停委員「すでに調停の申立てされた事案ですからね、とりあえず、ご協力願えませんか？」。

C社「ご協力できませんか言うても、こっちは相手できまへんのや、うちも慈善事業でやってのんちゃいまっせ！　うちらが金主からなんぼで借りとるか知りまへんのか？」。

調停委員「いや〜、この不景気にね、どこも大変や言うのもわかりますよ」。

C社「おお！　わかっとるやないか？　わしら、ほんまに大変なんや、あんたらこそ税金の無駄遣いやとおもわへんか？　こっちは付きおうてられんのや、時間あらへんのや、コラ」。

調停委員「こちらは、裁判所ですよ、債務者の立場も考えんとあかんのですよ。店に来い言わんと、そちらの債権額と利息の計算を、明らかにできませんか？」。

C社「債務者の立場ぁ？　金借りて返さへんのんおかしいんやないか？常識でわかるやろ？　調停委員も、毎日センセ、センセ言われて、おかしなっとんのとちゃうか？　金返すんがあたりまえやろが、あほ」。

調停委員「何言われてもよろしいですが、こちらは、利息制限法で

引きなおしの計算させてもらいますし、29.2％超えたら出資法違反になります。手数料や保険料、印紙代、名目の如何を問わず、元利金がなんぼになってるか計算しますが、とりあえずファックスできませんか？」。

C社「わしら、ヤミ金やと思とんのとちゃうか？　登録業者やぞ、コラ」。

調停委員「そやから、登録業者やったら、計算書早よ出しなはれ」。

C社「計算書計算書言うてやかましいのぉ！　こんな長電話付き合わされて、営業妨害なん、わからへんか？」。

調停委員「ちょっと、ちょっと、お宅さん物言いすぎとちゃいますか。今、調停の最中でっせ！　調停は、債権者間の平等も図るのも大きな目的です。いつまでも、出されないと過料制裁という制度がありますョ。最近では、京都の会社も、過料制裁受けてますよ。そのまま提出されないままでよろしいんですか？」。

C社は、答えに窮してしまい、計算書を出すことになりました。

C社と藤原さんとの間には、10年間の取引があったことがわかり、過払い金額は、約58万円に上りました。

調停委員は、C社に電話をし、「債務不存在、清算条項なしの17条決定をすることになりますよ」と言いました。

C社は、委員も予想していたとおり、「なにぃ？　そんな決定出してみぃ！　異議出すど！」と電話口ではき捨てるようにいいました。

それでも、裁判所は、評議の結果、債務なしの17条決定を出すことに決めました。その後、藤原さんは、吉田司法書士を通して、過払金返還請求[*19]を出すことにしました。

（C社がもし、このまま計算書を出さなければ、調停委員会は、催告（100頁資料D参照）[*20]の後、文書提出命令を出すことになります。なお、この提出命令を拒否した場合、裁判所は業者に対し、10万円以下の過料制裁[*21]を科することになっていきます）

---

[*19] 過払金返還請求　過払いの項などで説明したように、引き直し計算をすると残元金は消滅しており、むしろ過払いになっている場合、その返還を貸金業者に請求することができます。

28　はじめてやってみた特定調停

●午後2時30分〜　**G 社**（中小サラ金、計算書あり、残債務あり）…………
　G社は、午前の2社と同様、計算書が出ており、不出頭です。評議の結果、裁判所は、毎月11000円、36回払いの17条決定を出しました。

●午後3時〜　**H 社**（準大手サラ金、計算書「あり」〔ATMの伝票などで証拠が出てきた〕、残債務なし）…
　この業者は、調停の当日から半年ほど前までさかのぼった取引経過しか出してきませんでした。調停委員の手元には、最近半年分の貸し借りの記録しかありません。
　藤原さんは、「この業者は、4年くらい前から借りてますよ。おかしいなぁ……」と言います。どうやら、この業者は、藤原さんが借り

---

＊20　文書提出命令　裁判所は、事実関係を明らかにするために、民事訴訟法などにもとづき、文書の所持者に対しその提出を命じることができます。ここでは特定調停法12条による調停委員会の文書提出命令を指します。本来、特定調停の当事者は、貸付当初からの貸付・返済等の事実関係や計算関係を明らかにする義務を負っていますが、とりわけ貸金業者は帳簿に記入したりコンピュータに入力したりして、これを保存しなければ適正な業務は行えないので、これを任意に開示しない場合には、提出命令を出すことになります。命令に従って資料が提出されれば、それにもとづき調停が成立したり、17条決定がなされ調停事件は終了しますが、提出に応じず過料制裁に至った事件でもその後の調停期日で債務のないことが推測される場合にはそのような内容の17条決定がなされ、結局はそれに対して異議もなく確定したりして調停手続も終了している場合も多いのです（102頁資料E参照）。

＊21　過料制裁　過料は刑事罰である科料とは違い、命令や法令違反などに科される制裁で民事罰と言われ、裁判所が金銭の支払いを命じ、国がその徴収を行います。
　特定調停法24条は、正当な理由なく文書等を提出しない場合10万円以下の過料に処すると規定しています。貸金業者が計算書等を提出しないため、同法12条により調停委員会が提出命令を発しているのにもかかわらず、これに従わない場合に過料の制裁をすることとし、このような不提出という事態ができるだけ起こらないようにしたものです。
　現在、大阪簡裁や東京簡裁では、数はあまり多くないものの現実に過料制裁が行われています。文書提出命令においては、提出期限が明記されているので、それを経過しても提出がない場合に、過料制裁の手続にはいりますが、その場合2週間の期限を定め、文書不提出の理由について陳述書の提出を求めています。陳述書の提出があった場合には、正当な理由なく文書等を提出しなかったといえるかどうかを審査し、正当な理由がないと判断される場合には、いよいよ過料の制裁が発動されます。金融業者が、単に保存期間を過ぎていると説明しても、コンピュータのデータは、消失しているとは考えられないなど、事実認定の問題として計算書等の提出は可能であるという理由で、過料の支払いを命じています。過料の裁判は、裁判官の命令で執行され、この命令は執行力のある債務名義と同一の効力を有し、民事執行法等の規定に従い執行されます。現実に過料制裁が加えられることから調停委員会からの催告や提出命令に従わない業者はほとんどなくなっています（103頁資料F参照）。

増しするたびに、契約を書き直し、借用書を入れなおさせていたようです。

　松本調停委員は業者に電話しました。

　業者は、裁判所に対し、「藤原さんの昔の契約は、相手さんの話だけではわかりませんなぁ、探しようがありませんよ」という返事でした。

　調停委員は、藤原さんに「もっと、よお探してみてください。手持ちの伝票でその会社の、なんかありませんのん？　全部出して見てくれますか？」
と机の上に手持ちの伝票を全部広げさせました。

　藤原さんは、車のダッシュボードのすみに入り込んでいたよれよれの伝票を1枚見せました。

　それは、2年半ほど前にATMで返済したときの伝票でした。

　調停委員は、その伝票を見て、すぐに業者に電話を入れ、その伝票をファックスしました。

　不思議なことに、業者は、すぐにATMで返済した日付の直前に藤原さんが差し入れた契約書の日付以降の取引経過をファックスしてきました。

　それに基づいて計算しなおすと、利息制限法を超える利息を支払いつづけていたことがわかり、元金はすでに払い終えていました。また、過払いとなった額も何百円程度でしたので、藤原さんもこれは終わりにしようと思いました。

　裁判所は、債権債務なしの17条決定を出しました。

### ③ 調停期日の終わりに

　長かった一日が終わり、藤原さんの事件は、幸いにして、これでひと通り形になりました。

　調停の結果、右の表のとおり月々の支払いは、16万4000円から4万5700円に減りました。

　調停委員は、藤原さんに「一日でまとまって、ほんまよかったですね（本音もちらり）。毎月ちゃんと支払ってくださいね。また、同じ

ような借金繰り返さんように気をつけなさいよ。わからないことがあったら、司法書士の先生によく聞きなさいよ」と言いました。

　藤原さんも、調停委員もすっかり疲れましたが、一日でケリが付いたので晴れ晴れした気分でした。

　藤原さんは、調停委員や書記官に深々と頭を下げると、初め愛想が悪いと思っていた書記官が、「馬はもうしたらあかんで、倹約したらそれなりにやっていけるねんから……」と声をかけてくれました。藤原さんは足取り軽く、駅に向かいました。

### 調停の結果

| 相手方 | 最初の借入時期 | 調停前債務 | | 調停後債務 | |
|---|---|---|---|---|---|
| | | 残債務 | 月払い | 確定債務 | 月払い |
| A社 | H9年 | 約500,000円 | 22,000円 | 0円 | 0円 |
| B社 | H10年 | 約500,000円 | 22,000円 | 0円 | 0円 |
| C社 | H5年 | 約330,000円 | 20,000円 | 0円 | 0円 |
| D社 | H12年 | 約310,000円 | 20,000円 | 275,514円 | 7,700円 |
| E社 | H14年 | 約460,000円 | 23,000円 | 431,540円 | 12,000円 |
| F社 | H11年 | 約560,000円 | 25,000円 | 540,620円 | 15,000円 |
| G社 | H10年 | 約430,000円 | 22,000円 | 395,930円 | 11,000円 |
| H社 | H11年 | 約170,000円 | 10,000円 | 0円 | 0円 |
| 合計 | | 約3,260,000円 | 164,000円 | 1,643,604円 | 45,700円 |

調停後の支払いは残額を36回の分割払いとし、最終の36回目の支払いはD社が6,014円、E社が11,540円、F社が15,620円、G社が10,930円となる。

# 3 債務整理方針の決定が すべてのはじまり

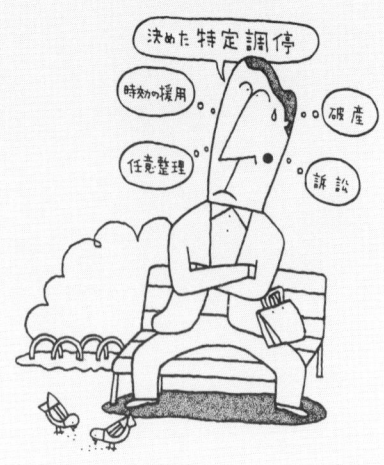

借金地獄からを一日も早く抜け出したいという願いは誰でも同じです。しかし、借金（債務）の整理の方法にはいろいろなメニューがあります。

自分の借金（債務）の状況や収入等によって、解決策を模索してください。主なメニューは次の通りです。

## 1 │ 時効の援用（えんよう）

　最近、大手の業者でも消滅時効[*22]にかかっている債権の回収を始めているようで、この手の相談が増えています。

　サラ金業者の債権は5年で時効になります（個人の貸金業は10年が有力説）。

　最後の返済から10年以上経過した貸金でも時効になっているのを承知の上で督促状を送りつけて来ることがあります。

　最後に返済してから5年経っているかどうかをできるだけ資料や手帳をさがしてよく思い出して、5年以上経っていればその対応は実に簡単です。

　「もう時効なので払いません」と言った内容の通知書を出せばおしまいです。

　大手の場合、わざわざ内容証明郵便に付さなくても同封されている

---

＊22　消滅時効　一定期間権利を行使しないことによって、その権利を消滅させる制度で、権利によってその期間が異なります。金銭（貸金）債権は民法上は10年ですが、商法の適用を受けると5年になります。貸金業者が会社の場合は商法の適用を受けることになりますので5年間権利の行使がないと時効で消滅します。

返信用封筒を利用してもコト足りていますが、債権買取業者等からの場合は内容証明郵便[*24]で出したほうが安全でしょう。[*23]

大抵の業者から、「債権放棄通知書[*25]」が送られてきています。

確認書の返信を要求されることがありますが、通知書を受け取ったことを確認する意味ならそれくらいは協力してもよいでしょう。

なお、身に覚えのない債務の場合も同様に「借りた覚えはない」と書いて返信します。

注意すべき点は、業者の巧妙な請求手段にのって一部だけでも支払いをしないことです。一部でも支払い[*26]をすると時効の利益の放棄[*27]となります。

また、債務者が行方をくらませていた場合で公示催告[*28]によって判決を取られている場合は時効の期間が延長されています。[*29]

---

*23 債権買取業者 不良債権を債権額より安く買い取って、買い取り価格より多く回収することで利益を出すことを営業目的とする業者です。

*24 内容証明郵便 郵便物の一つですが、いつどんな内容の郵便物を出したのかを郵便局が証明してくれる制度です。裁判所などで証拠として提出する場合重要な役割を果たします。

*25 債権放棄通知書 債権者が債務者に対し、その有する債権を消滅させる旨の意思を伝える文書です。債務者としても重要な文書ですので保存しておく必要がありますが、多くは貸金業者がその債権は回収の見込みがないとして放棄し、税務上貸し倒れの扱いを受けることによって必要経費として収益から控除することによって利益を圧縮するという節税効果を目的としてなされることが多いようです。

*26 一部支払い 貸金業者は、債務者に対し、債権があることの確認を一つの手段として、「わずかな金額でもいいから取りあえず支払ってくれ」と言って、その一部支払いを求めることがあります。その債権が消滅時効にかかっていたり、時効完成の間際だとすると、その一部の支払いを理由として、債務を承認したとして時効の利益を債務者が放棄したことを主張したり、時効完成寸前だったのに時効の中断といってその進行が止まり、時効の起算点がゼロからの出発になったりしますので注意が必要です。

*27 時効の利益の放棄 時効が期間を経過し完成しているのに、完成後その時効の利益を放棄する旨の意思表示を行うと、以後時効の主張はできなくなります。時効は援用すること（時効の利益を受けることを明らかにするための意思表示を行うこと）によってはじめてその効果が生じるのですが、放棄すると時効を援用する権利がなくなります。

*28 公示送達 民事裁判などでは裁判のための文書が相手方に届くことが必要です。このことを送達というのですが、いくら探しても行方不明などで相手方の所在がわからないときは、裁判所の掲示板にその書類を一定期間貼っておくことによって相手方に届いたのと同じ効力を生じさせることができます。

このように、時効の利益を放棄してしまっている場合や時効が中断[*30]されている等の場合は別途手続を取らなければなりませんので、司法書士や弁護士にご相談ください。

## 2 | 任意整理

裁判外で各業者と交渉し、利息や損害金の減免や毎月の支払額の減額をしてもらい、債務を圧縮する方法です。この手続きは、専門的な法律知識と交渉力が必要となり、本人のみで行うのは非常に困難ですので、弁護士にお願いすることになります（簡易裁判所の事物管轄[*31]の範囲であれば認定を受けた司法書士もこの手続きができます）。

特定調停に比べて、費用はかかりますが、弁護士や司法書士が全ての手続を本人に代わって行いますので、債務者の精神的・肉体的負担は軽くなります。

## 3 | 特定調停

完全な破綻状態ではなく、債務者に支払い原資があるときに採用します。本書はこの手続について詳しく解説しています。

---

＊29・時効の期間の延長　厳密には法律用語とはいえないかもしれませんが、ここでは確定判決があることによって、消滅時効の期間が10年となり、判決確定の時点から再出発となることをさしています。時効の中断事由とされる債務の承認などもこれに含まれると考えてよいでしょう。

＊30　時効の中断　進行している時効を止める効力のある出来事ですが、請求、差押、承認などをその理由にあげています。ただ注意しなければならないのは、単なる請求や催告では中断の効力は続かず、その効力を維持するためには訴えの提起等の強力な中断行為をする必要があります。

＊31　事物管轄　訴訟などをどの裁判所で取り扱うかは、事件の種類、性質、場所などによって変わってきます。事物管轄は訴訟の対象の価額でどの裁判所で取り扱うかを決めたものです。簡易裁判所の項で述べたように、簡易裁判所の事物管轄が決まっています。例外的に応訴管轄や合意管轄があります。また、どの裁判所かを決める指標として、土地管轄があります。たとえば、調停の申立ては相手方の住所や事務所のある裁判所にすることになります（調停には事物管轄がなく原則的には簡易裁判所がすることになっています）。

## 4 ｜ 破産（自己破産）

　これ以上支払いを続けていくことが不可能に陥ってしまった債務者の最終的な解決策です。

　大方の債務者はこの手続きを極端に拒絶しますが、それは誤った知識に基づいているのがほとんどです。不動産等の財産や特別の資格を持っていない人にはほとんどデメリットはありません。

　破産をしても戸籍や住民票に記載されることはありませんし、選挙権がなくなることもありません。また、ご家族も保証人になっていない限り影響はありません。

　保証人[*32]がついている場合、絶対に迷惑をかけられないと考えて破産手続きを躊躇します。しかし、そのまま放置していても問題が解決しないばかりか事態はますます深刻化するばかりです。こんなときは、保証人も含めた債務整理を検討する必要があります。

　そして、「破産」を決意したならばその瞬間からサラ金等への返済はストップして、破産費用の積立をします。

　サラ金の督促に対しては「ありません」「すみません」で耐えていくべきです。実際、破産を申立てなければならないほどお金がないのですから「ありません」と言ってください。しかし、借りたお金が返せないのですから「すみません、ごめんなさい」と謝ってください。これ以外は、なにも言う必要はありません（10頁＊2参照）。

## 5 ｜ 訴訟

　コラム（本書66頁）にも書いていますが、業者との取引が長い場合、

---

＊32　保証人（本書46頁参照）　お金を借りた当人（主たる債務者と言います）が支払わない場合に代わって支払うという債務を負担している人のことです。貸金債務で連帯保証人になっている場合は借り主と同じ責任があるといってよいでしょう。もちろん保証債務についても特定調停の申立ができます。

「過払い」が生じている可能性があります。不当利得返還請求が提訴できます。消費者金融と7～8年以上の取引がある人は「過払い」状態になっている可能性が大で、払いすぎた利息を取り返すことができます。一度、司法書士や弁護士など専門家にご相談ください。

調停が不調になったときに債務不存在確認訴訟[*34]や債務額確定訴訟[*35]を提起することもあります。

## 6 │ 民事再生

平成13年4月から、個人にも使いやすい小規模再生手続が実施されています。

乱暴に説明すれば最大で借金の80%を棒引き（但し、最低弁済額100万円）にして3年で分割払いする手続きですが、民事再生手続きは非常に煩雑で適用される要件も限られています。債務者本人のみで行うことは困難であり、専門家にご相談ください（9頁＊1参照）。

---

＊33　不当利得返還訴訟　法律上相手が利得をする（受け取る）原因がないのに利得し、それによって損害を受けた人は、その返還を求めて裁判をすることができます。その代表的なものが、過払金返還請求の項（＊19）で述べたような内容の裁判です。

＊34　債務不存在確認訴訟　債務なしの項でも述べたように、債務がゼロの場合にはそれを認めない貸金業者を相手に、その確認を求めて債務不存在確認訴訟という権利関係の確認を求める裁判を起こすことになります。

＊35　債務額確定（確認）訴訟　引き直し計算をしても、債務額が減額するもののゼロにはならない場合があります。貸金業者がそれを認めない場合には「金何円を超える債務の存在しないことの確認を求める」というような裁判を起こすことができます。簡易裁判所の事物管轄の範囲で特定された金額（現行では、90万円以内）の債務が存在しないことの確認を求める訴訟は簡裁でできますが、「金何円以上の債務がない」。平成16年4月1日からは、140万円以内というように具体的な金額（争う部分）が特定されないものは、価額の算定不能として地方裁判所の管轄事件として取り扱われることがあります。

## 知って得するワンポイント知識

### 17条決定とは

　17条決定というのは，民事調停法17条に基づく裁判所の決定（判断）で，当事者から異議の申立がなければ，裁判所の和解（確定した判決）と同じ効力をもつものですので，その紛争が最終的に解決したことに（もう争えなく）なります（民事調停法18条3項）。こういってもイメージがわかないと思いますので，代表的なパターン（75頁以下資料3，4，5参照）を見てください。

　特定調停の場合の代表的なものとしては，分割弁済型（資料3）と債務不存在型（資料4，5）があります。分割弁済型とは，利息制限法の利息の利率で引き直し計算をしてもなお債務が残っているものに用いられ，債務額の確認や弁済方法についての記載からなっています。一般的には，3年前後を目安にして月払いの分割払いで返済し，決定時で債務総額（元本，利息，損害金）を固定し，将来利息をつけないとする運用が実務の大勢です。もちろん，支払いを怠った場合は損害金が発生し，一括返済ということになります。

　一方，債務不存在型は計算の結果債務が残っていないケースに用いられます。債務の存在しないことを確認することになりますが，過払い金（申立人が相手方である業者に返還請求できるもの）の有無・金額が問題になります。過払い金が大した金額でない場合には，相互に他に何らの債権債務がないことを確認するという清算条項をいれることが多いようです。

　調停というのは，本来当事者双方の互譲による合意によって紛争を解決するものですのが，裁判所が，当事者双方の公平を考慮し，一切の事情を見て，職権で，解決のために必要な決定をすることができるとされています（民事調停法17条）。当事者は，2週間以内に異議の申立ができ，その場合は効力を失います（民事調停法18条）。異議が出ても，17条決定どおりの支払いを行なっていく人もあります。事実上それで解決していくケースもあるようですが，それに納得しない貸金業者は訴えを起こす必要があります。

# 4 特定調停法とは なにか

特定調停は、特定調停法に従って手続されます。法律の正式な名前は、「特定債務等の調整の促進のための特定調停に関する法律」と言い、1999年12月に生まれました。法律の条文は、後ろに全文を載せていますので、一度読んでみてください。

## 1│「特定債務者」とは

　会社であれば、借金が増えて返せなくなれば、つぶれて解散してしまいます。しかし、人は借金が増えても、人としてしっかりと生きていかなければなりません。そのために、今までの借金の問題を整理して、その後の人生を出直さねばなりません。これを生活の再建と言います。

　特定調停法は、借金が膨らんだ人のうち「支払不能に陥るおそれのある」人あるいは「事業の継続に支障を来すことなく弁済期にある債務を弁済することが困難である」人、あるいは「債務超過に陥るおそれのある法人」（2条1項）を対象としています。

　対象となった人のことを、この法律では「特定債務者」と言います。そして、債務の調整も「特定債務者の経済的再生に」役立つためになされることが目的とされます（2条2項）。

　ですから、完全に支払不能に陥ってしまった人のほとんどは、民事再生法や破産法により再生手続をすることになります。

## 2 普通の調停よりも迅速に

　普通の調停は、民事調停法という法律により手続が進められます。特定調停は、ぐずぐずしていると、利息がどんどん膨らみ、あるいは返せるはずの借金も返せなくなる人を対象にしていますから、普通の調停よりも迅速に手続が進められることが予定されています。具体的には、特定債務者の財産の差押などの強制執行を停止したり（7条）、複数の業者から借金をしている場合、事件をひとまとめにして（これを「併合」という。〔6条〕）手続を進めることになります。サラ金業者に対しては、裁判所は、今までの取引経過が記録された文書の提出を命じたり（文書提出命令〔12条〕）して、事実の経過を迅速に取り調べる手続も用意されています。もし、業者が誠実に対応せず、文書を提出しない場合、制裁として10万円以下の過料が業者に科せられます（24条）。

　また、特定債務者と業者がお互い遠隔地にいるため、なかなか協議が整わない場合も想定されており、裁判所に出頭することが困難である場合は、裁判所が示した結論（調停条項）を受け入れるということを記した書類を提出することにより調停の合意が成立したとみなす規定（調停条項案の書面による受諾〔16条〕）もあります。

　なお、業者と特定債務者が共同して申立てをすれば、調停委員会が「特定債務者の経済的再生に資するとの観点から、公正かつ妥当で経済的合理性を有する内容」の適当な調停条項を定めることができます（17条）。

# 5 特定調停のメリット

事例ですでにおわかりのように、特定調停には、借金で悩んでいる人、サラ金業者に追いかけられている人にとって、「取立てが止まる」などたくさんのメリットがあります。このほかにも以下のようなメリットがあります。

❶ **原則的に本人の手による事件解決を前提にしている**

したがって、弁護士や司法書士に助けを借りなくてもよい場合が多々あります。

❷ **調停申立後は、取立てが止まる**

調停申立の後、金融業者が、借り手および保証人に、取立てしたり直接請求することは貸金業規制法21条1項6号で禁じられていて、とりあえず、生活の平穏が戻って来ます。

❸ **訴訟に比べ、書類作成の手間が少ない**

裁判所では、手続のための一定様式の記入用紙があらかじめ用意されており、(巻末の書式 [68頁以下] をA4サイズに拡大コピーしてご利用ください) それに事実関係と自分の思う解決のあり方を記入していくことで、手続を進められることも多く、訴訟の場合と違い、本人だけで解決できる場合が多いようです。

❹ **手続費用が訴訟費用より安い**

調停申立のために裁判所に収める費用（収入印紙の額）は、普通1

社あたり500円です。訴訟費用より安く、郵送費用も特別送達によらないので、実質的に訴訟費用より相当安くて済みます。なお、郵便切手を含めると1社あたり1000円程度になります。

### ❺ 手続が非公開で進められる

訴訟は、公開法廷の場で主張と立証をしなければならず、法的知識が必要な場合があったり、傍聴人や相手方のいる前で精神的に負担がかかりますが、調停は非公開で手続が進められるので、精神的な負担は訴訟より軽くなります。

### ❻ 相手方と正面切って争わなくてよい

調停期日では、訴訟とは異なり、借りた側と貸した側が同席せず交互に調停室に入室し、裁判所の調停委員から事情を聞かれます。金融業者と言葉による言い争いや面と向かうことにより気持ちの上で抑圧的になることはありません。

### ❼ 訴訟と比べて進行が早い

多くの場合、借金の支払方法について、金融業者と協定を結ぶことが調停の到達点となります。したがって、訴訟に比べて手続が早いと思われます。また、通常借りた側は、借金の明細を持っていることが少ないため、裁判所は金融業者に対して立証を促し、提出命令も出されます。訴訟と違って裁判所の主導（これを後見的に進行するという）で手続が進んでいくので、借りた側の負担は軽いといえます。

### ❽ 払いすぎた利息を清算できる

法律の知識に乏しい一般の人は、金融業者の言いなりに利息を払っていますが、その大半は、利息制限法に違反した無効な計算によるものです（60頁、資料12参照）。特定調停においては、利息制限法に基づいて利息計算をしなおすので、払いすぎていた利息が清算され、借金が減ります。

❾ 無理のない返済方法でやり直せる

　調停後の返済額は、生活再建の一環で確実に返済できる無理のない金額を決めることになります。

## 知って得するワンポイント知識

### 整理屋提携弁護士

　弁護士の中には、「整理屋」と提携した「整理屋弁護士」が存在します。

　「整理屋」というのは、弁護士事務所の名の下に債務整理を行うのですが、弁護士は名義貸しだけで、実際は「整理屋」が手数料を搾取し、債権者の言うがままの条件で和解したり、「過払い金」が生じていても不問にしたりしています。

　「整理屋」にかかってしまえば、債務が減額するどころか手数料が上乗せになるだけで、何の解決にもなりません。

　長期の分割払いにすることが多いので、月々の返済額が減額していますが、内情はほとんどが弁護士の手数料だったりすることがあります。

　実際、弁護士への支払いが滞ると弁護士から委任契約を解除されて、債権者の督促が再開し、その残高を見てみると整理前とほとんど変わっていなかったといった例も多く見受けられます。

　弁護士に依頼するとき、知り合いの弁護士がいない場合は、弁護士会などしっかりとしたところで紹介してもらうことです。

　もし、あなたが広告や聞き慣れない団体から紹介された弁護士に債務の整理を依頼しているのなら、すぐにその弁護士に債務の現在の状況を報告してもらい、依頼する前と比べてあまり減額していないようでしたら、資料を持って信用できる弁護士会や地方自治体などの法律相談会で相談して内容を点検してもらってください。

# 6 特定調停の注意事項

特定調停のメリットを、もうおわかりいただけたでしょうか。特定調停の中身をさらに詳しくみていきましょう。成功例とともに注意すべきことがらを紹介します

## 1 無理なく支払える方法

　特定調停とは、簡易裁判所において債権者と話し合い、残債務額を確認して支払方法について調整し、無理なく支払える方法を合意するための制度です。

　管轄は、原則として、相手方の住所・営業所を管轄する簡易裁判所です。しかし、同一の申立人の複数の相手方の管轄がそれぞれ異なっていても、同一の簡易裁判所で処理してもらえます。

　金融業者の大半が利息制限法の上限金利を超えた利息を徴収していますので、常に限度額いっぱいで借入・返済を繰り返していても利息制限法で引き直し計算をすれば、ほ

**調停成功例**

| 業者 | 相手方主張額 | 確定債務額 |
|---|---:|---:|
| D社 | 199,588 | 119,600 |
| A社 | 458,680 | 0 |
| P社 | 335,721 | 0 |
| C社 | 482,266 | 0 |
| I社 | 489,550 | 316,224 |
| S社 | 98,750 | 81,875 |
| T社 | 499,409 | 0 |
| N社 | 555,042 | 0 |

調停前残債務の合計3,119,006円が、調停手続により517,699円になりました。

とんどの場合で、4〜5年で半額、6〜7年で残債務がゼロとなります（ただし、途中で限度額を増額している場合は、そこまでは減額しません）。

ですから、長期にわたって一定の業者と取引をしている場合、相当な債務額の減額が可能です。

また、短期であっても、将来利息がカットになるので、まだ傷の浅い多重債務者には有効です。

しかし、満足のできる解決を図るためには債務者本人も十分な事前学習と心構えが必要ですので、この本をよく読んで勉強してください。

なお、多重債務整理を目的とする調停は、そのほとんどが「特定調停」として処理されます。

## 2　調停を選択する基準

債務者に安定した収入又は援助があり、かつ、利息の引き直し計算をした結果、3年以内の返済が可能な場合にこの手続きを採ります。

注意を要するのは、債務者は「破産」を避けようとの思いから毎月の返済可能額を多めに見積もってしまいがちだと言うことです。

今後3年間に家族等に病気・事故等の突発的な出費がない保証はありませんのでかなり余裕を持った返済計画を立てる必要があります。

返済計画は無理をせず、「自己破産」も念頭において考慮してください。生活再建の観点からは、「破産」はゼロからのスタートですが、「調停」はマイナスからのスタートとなります。

また、債務者は「恐い」と思っている債権者を調停からはずす傾向がありますが、その点も要注意です。

そのような債権者があれば、せっかく調停が成立しても結果的に無駄になってしまうことになります。ギリギリの返済計画や一部の債権者を除いたままで調停を進めてしまっては、何の解決にもならず、費用の無駄遣いになってしまいます。

## 3 調停を進めるにあたっての注意

　調停にあたっては、はじめから不調をおそれないことです。調停の基本は「既払金を利息制限法に引き直して元本充当したうえに将来利息のカットすること」です。

　現在ではほとんどないと思いますが、調停委員のなかには、「そんな和解案では相手が乗ってこないでしょう」と、こちらの提案を頭から否定してくる人もいるかもしれません。とにかく打診だけでもしてくれと強く主張しましょう。そして、不出頭やこちらの主張に応じない業者には積極的に「17条決定」を出してもらいましょう。今のところ、17条決定に異議を述べてくる業者は限られた少数です。

　もし、不調になっても債務不存在確認訴訟や債務額確定訴訟を提起することも可能ですので、安易な妥協はかえって傷口を広げる結果となってしまいます。

　また、取引経過の開示をしてこない業者には、特定調停法24条の過料制裁の発動を促すなどして、調停委員に強く要請してください。

　前記の成功例では、P社、T社が開示して来ませんでしたが、粘り強く交渉して、T社は取引当初から開示してきました。P者は最後まで開示しませんでしたが、「債務ゼロ」の17条決定に従いました。I社は不調を主張しましたが、同じく「債務ゼロ」の17条決定に異議を述べませんでした。

## 4 調停成立後の注意

　調停成立後の注意としては、決められた条項にしたがってきちんと返済していくことです。

　もし、支払いが滞ればその調停調書をもとに給料や家財道具の差押を受けるおそれがあります。

通常、差押をするには訴訟をし、判決を取って執行をかけなければならないのですが、調停が成立すればその調書が債務名義(さいむめいぎ)（強制執行のできる文書のこと）となり、執行文の付与を受ければ即差押が可能となります。

### 知って得するワンポイント知識

**主債務者と連帯保証人**

　主債務者(しゅ)とは借りた本人のことで、保証人とはその主債務者が借金の支払いができなかったときに代わって支払うことを約束する人のことです。

　通常の保証人は主債務者を補充するものですから、債権者が主債務者に請求もしないで保証人に請求に来れば「先に主債務者に請求してくれ」と言うことができます（これを催告(さいこく)の抗弁(こうべん)権と言います）。また、主債務者に請求した後でも保証人は主債務者に財産があって、執行が簡単にできるときは「先に主債務者の財産を執行してくれ」と言うことができます（これを検索(けんさく)の抗弁(こうべん)権と言います）。

　しかし、連帯保証人(れんたいほしょうにん)にはこの「催告の抗弁」も「検索の抗弁」も認められません。債権者からいきなり請求を受けても返済しなければならないといった重い責任を被ります。現状の契約での保証はほとんどがこの「連帯保証」になっています。実際は主債務者が支払いを怠らない限り保証人に請求されることはまずありませんが、他人の債務の保証をするには、その債務を自分が背負う覚悟が必要です。安易な保証は身を滅ぼします。保証の依頼は断りにくい相手から要望されることが多いですが、背負いきれない債務の保証をするのは、あなたにとって自分や家族よりも保証しようとする相手の方が大事だと判断される場合に限ります。

## 7 特定調停の手続は こうして行われる

### 相談・受付から完済まで

　裁判所における手続及びその後の流れはおよそ次のようになっています。

　相談～受付～第1回期日（申立人のみから事情を聞く期日、利息制限法の利息の利率により引き直した債権計算書に基づく全債務額の把握、収入支出に基づく弁済原資の算定、配分額・率の算定、弁済計画の策定）～第2回期日（相手方との調整を行う期日、残債務額の有無・弁済方法の提示調整、弁済計画の修正）～調停成立・17条決定等～弁済計画（家計管理）の実行～完済。ひとつひとつを細かく見ていきましょう。

## 1 ｜ 相談と受付

　相談や受付が行われている場所は、裁判所の規模のちがいなどから、民事調停、特定調停の相談受付の場所が明確に区分けされているものと、地家裁支部と併設の簡易裁判所などのように、民事訴訟や家事調停等の他の手続の相談受付窓口と同じところなど地域によってちがいがあります。ここでは東京や大阪などの大きな簡易裁判所を例にして説明します。このような裁判所は高等裁判所や地方裁判所と一緒にあることが多いので、まず簡易裁判所の特定調停の相談受付係がどこにあるかを確認し、そこにまでたどりつくことが、初めての方には、慣れない調停手続の最初の仕事です。

　おそらく皆さんが、こわごわやっとの思いで特定調停の係を探し当てるのに20～30分はかかるでしょう。そしてたどりついてみると、既に人の列ができています。銀行の窓口のように順番を取るための発券機が備えてあることもあります。どこで待ったらいいのかよく確認し

てください。

　番号札を手にしてあと何人も待たなければならないときは、置いてあるパンフレットに目を通したり、どんな手続きがあってどのような場合にそれを選択したらよいかを説明しているビデオを備えた待合ブースでその説明をよく聞いてください（ブースの位置が部屋の隅であったり表示不足などのためか、ビデオの説明を見ている人は多くないようです）。

　相談受付に要する時間は、少なく見積もっても一人当たり30分以上かかると思いますから、3人の職員で対応しているとして、まだ6人待たなければならないとすると、1時間以上はかかると思ったほうがよいでしょう。東京や大阪では夜間調停（午後6時から8時くらいまで、週2回程度。相談は別として調停自体は当然のことですが、受付が済んでからのことです。申立てた方の便宜を図るために、夜間調停や即日調停が実施され、今後の活用と体制の整備が期待されています）も行っており、職員や調停委員・裁判官を配置していますので、お昼に行けない方は活用してみてください（ただし、現在の運用では勤務シフトの関係などから、必ずしも特定調停の仕事を専門にしている職員を夜間に配置しているとは限りませんので、受付相談の場合は申立用紙をもらったり一般的な説明にとどまる場合があります。事前に電話で確認などをしてから行ってください。受入体制の整っている裁判所のある地域の方はせっかくの制度ですから利用してみてください）。

　まず、相談に行かれるときは、契約書や残高のわかるもの、給与証明など特定調停に必要な書類（債権者、債務額、弁済原資等のわかるもの）を持参してください。必要書類がそろっていると、特定調停の受付をその日にしてもらえ、急ぐ場合には、即日調停（その日に調停委員による事情聴取）をしてもらえる場合もあります。

　相談の段階では、まず、相談者の案件が特定調停に向いているのか、それとも自己破産や民事再生等の他の手続を採るべきものか、どのような手続を選択するのがよいのかが問題になり、さらに特定調停の必要書類などの説明があります。

　現在の運用では、特定調停に向いているのは、残債務額（最終的には、利息制限法の利率で計算し直した残債務額〔元本と利息・損害金〕）

を可処分所得（手取額から最低生活に必要な額を控除したもの、弁済原資というのも同じ意味です）で、3年くらい（月額可処分所得額が残債務額の2～3％）を目安に弁済できるかどうかとされています。

　相談者の案件が、特定調停として、受け付けることができるもので、資料がそろっている場合はその場で申立書に必要事項を記入し、その日に受け付けてもらえます。もし、そろっていなければ資料をそろえて、もう一度、行くことになります。多くの方は日を改めて資料をそろえてもう一度受付のために行くことになるようです。

　多くの簡裁では、「特定調停（サラ金調停）の申立てをお考えのあなたに」というようなパンフレット（87頁資料A参照）を渡していますが、そこに書いてあることはどこの裁判所でも求められることですので、よく読んで理解しそれに従って資料などを整理する必要があります。ことにパンフレットの下線部分は重要です。残債務額及び弁済原資の把握がなにより大切ですから、借りた時期、返済額などをできるだけ思い起こして資料も探し、自分なりに利息制限法の利率で計算をしてください。概算でも結構です。

　申立書の記載が済み（82頁資料9参照）資料の点検が終わり、必要な印紙・郵便切手を渡すと受付が終わることになります。大きな裁判所では、相手方業者の登記簿謄本の提出は求めませんが（裁判所で各業者の登記内容を整理し把握している場合には不要です。そうでないときは法務局で交付を受けますが、一件当たり1000円程度のお金と手間を要します）、必要な裁判所もありますから事前に確認しておいてください。

　受付が済んだ書類には、各債権者ごとに事件番号・事件名等［たとえば、東京簡易裁判所、平成14年（特ノ）第1234号、債務支払猶予調停事件］が付されますので、今後はこの事件番号と担当係〔たとえば調停イ係〕が連絡に際して必要となりますので、必ず控えておいてください。その日はそれで終わりますが、その際上記パンフレットのような説明資料などが渡された場合にはよく読んでおくことが必要です。

　受付が済むとその事件記録は調停係に回り、速やかに（普通1～2日中に）、各債権者に、調停の申立があったこと、および、契約書、計算書を提出するように促す通知（91頁資料B参照）が発送されます

（事情聴取日には、弁済計画を立てる関係から、その日までに調停委員の事前準備の必要もあり、これらの計算書等は、それまでにそろっている必要がありますので、返送期限を2週間程度としています）。この通知が債権者になされると、債権者は申立人に対し取立等の行為をすることが禁止されます（貸金業規制法21条1項6号参照）。現在では、これに違反するようなことは、ほとんどなくなっているはずですが、万が一そのようなことがあれば、各地の財務局や所轄の都道府県の金融課などに連絡すれば、業者に対し指導がなされることになっています）。

次いで、担当調停委員の指定がなされ、申立人の事情聴取日（受付後約1ヵ月前後くらいを目途に）が決まります。もちろんこの事情聴取日は、すみやかに申立人に葉書で通知されますので、この日には必ず出頭できるよう予定表に記入するなどして忘れたりしないようしてください。

また、調停委員が、能率的かつ容易に、申立人の状況を把握し弁済計画を立てられるよう、できるだけ資料（①貸金関係については、利息制限法の利率で計算し直す作業の基礎資料として、いついくら借り、いくら返済したかが重要ですから、これが明らかになるような契約書・領収書・振込書・預金通帳・申立人の口座の出入りを記載した銀行の証明書など、②弁済原資関係については、給与明細書、支給証明書、収支損益を明らかにする帳簿、税務申告書類など）の整理・作成をしておいてください。

なお、ますます特定調停事件の申立てが増える傾向にありますが、当面調停室や調停委員の確保に限界があり、現在のような経済状態などが続くと、ただちにその改善への対応ができるとはかぎらない事態も予想されます。事件処理の長期化からくる債権者・債務者それぞれの立場からの切実な要望（債務者にとっては、原則として調停成立日・17条決定日までの損害金が生じますし、債権者にとっては当然のことながら弁済はその日以降になります）に、できるだけ沿うための工夫として、期日の入れ方などが裁判所によって異なっています。増大する事件に加えて、債権計算書や弁済原資把握のための資料の不備などのために、事情聴取の期日がさらに続行されることになりますと、他の事件の期日が入らず先延ばしとなるため、早期解決を待っている多くの方に迷

惑をかけることになります。

　そこで、裁判所によっては、受付もしくは調停係に記録が回った段階で、資料がそろい特定調停として事件を進行できる目途が明らかな場合には、事情聴取の期日と第2回期日（業者との調停期日）を決めますが、無職無収入の場合や収入と債務額からむしろ支払不能の状態というべき場合、弁済資力が十分にあり到底特定債務者といえない場合などには、事情聴取の期日だけを入れるなどして、特定調停の手続になじむか否かを確認して、その上で調停をしないことにしたり第2回期日をいれるなど、その取り扱いが異なることもあります。できるだけ早く債務額、収入、生活状態が容易にわかるようにしておく必要があります。そのためには、契約書や受取書、銀行送金している場合はその資料や預金通帳（本人なら銀行で一覧表をくれます）を日頃から保存しておくことが大切です。

　もし、申立人の勤務の都合などで、どうしても差し支える日があったり、夜間調停を希望する場合には、受付時などに早めに伝えておいて、調整できるようにしてください。ただ、申立人の希望に沿うと、相当先にしか期日が入らない場合がありますので、よく検討してください（弁済は先になるとしても、その間の利息制限法の利息の利率による損害金は支払うことになります）。

　手続の流れとして、これから先は、調停委員会が申立人の事件を担当することになります。調停委員会は調停主任裁判官と原則として2名の調停委員（非常勤の民間人）から構成されています。

　弁済計画の点検や業者との交渉は、調停委員が主になって行います。もちろん、適宜主任裁判官と話し合いをしながら進められます。調停成立時など必要な場面では、主任裁判官と調停委員がそろって立ち会ったりします。

## 2 ｜ 第1回期日（事情聴取）

　事情聴取では、調停委員は、申立人と協議して弁済計画を立てるた

めに、債権者から提出された債権計算書をもとに利息制限法の利率に基づいて、申立人の総債務額（元本、利息、損害金）がいくらあるのかを算定し、申立人の可処分所得で弁済が可能かどうかを資料に基づいて検討します。その場合、到底、返済不能のときは、取り下げや調停しないという措置で終了することもあります。弁済計画が立つものであれば、いよいよそれに基づき、調停委員が各債権者と折衝するために第2回期日（約1ヵ月後）を決めることになります。調停委員からは、第2回期日までに、申立人がすべきことや、その後の心構え等について説明がなされます。

何度も申し上げますが、総債務額の計算のためには、そもそもの借りはじめからの資料が重要ですから、それらがわかる契約書、領収書、預金通帳等があれば、必ず持参してください（これらのものは、申立てのときに写しを提出すると、あらかじめ業者に知らせることができ、計算書の作成をめぐって何度も業者とやりとりをする調停委員などの労力を減らすことができますので、是非協力してください。あとで述べますように、資料があるのに計算書を業者が出さない場合には、調停委員会は提出命令を出すことになります。それでも従わない業者に対しては、過料の制裁がなされることになっています。このような経過をとった場合の特定調停の事件自体の処理はおおむね債務不存在の17条決定がなされるようですが、データが全くない場合などには「調停をなさず」という処理がなされることもあるようです）。

多くの裁判所では、**資料G**（104頁）のような弁済計画立案のための用紙を利用していますが、これらを参考にして、申立人自身で事前に整理したものを作成すると、その後の手続がはかどります。調停委員の申立人への質問はこの弁済計画づくりに向けたものですが、申立人のプライバシーや生き方、価値観にかかわることに及ぶ可能性あります。家計の予算をたてるためには、収支の点検・暮らし方や生活様式にも及ばざるをえません。協力できるところはできるだけ協力して共同作業を行い、今後の生活の再生ができ、申立人はもちろん関係者全員が納得できるようなものを作ってください。

身内の人が一定の金額を一括弁済してくれる場合などには、債務額

の減免交渉の余地がありますので、調停委員に相談してください。

　事情聴取において、債権者から提出された計算書等に基づき、利息制限法の利息の利率で見直した現在の残元金及び利息・損害金の金額と、申立人の毎月の所得から生活に必要な費用を控除した額（可処分所得＝弁済原資）から、債権者への弁済率及び完済までの期間が明らかになります。調停委員会としては債権者平等の観点から、上記弁済率をもとに各債権者と交渉を進めることになります。この段階で債務額に比べてあまりに弁済原資が少なく、到底返済の見込みがないときには、調停をしないということで終了することになります（特定調停法11、18条）。

　したがって、自分でも見込みがないと思う方は、自己破産等の手続きをとるかどうかなどについて専門家に相談し、特定調停を取下げ、別の手続をとるなどしていただくことになります。

　この事情聴取における作業の焦点は、つまるところ弁済原資と弁済方法をすりあわせ、弁済計画を練るということです。つまり申立人は毎月総額としていくら支払えるのか、各債権者ごとに毎月いくらの支払額にできるのかということです。それは、合理的な範囲で生活を切りつめていくらまで毎月の弁済原資をひねり出すことができるのか、また調停委員に交渉してもらって毎月の支払額を債権者に下げてもらえるのかということです（このすりあわせ作業は相手あっての話ですから、当然第2回期日でも引き続き行われ、煮詰まっていくことになります。）。

　弁済原資と全支払額とが、いくらがんばっても相当の開きがある場合には、やはり特定調停には向かないということでしょう。全く成り立たないような弁済計画や家計であるなら、破産や民事再生の方法をとるべきでしょう。申立てをしている方の中には、生活保護を受けている方やそれを下回るような生活状態の方もいます。破産宣告を受けることで、普通は特段の不利益はありません。むしろ免責を受けることによって、暮らしが楽になるはずです。思い切って破産手続等をとることも検討してください（破産手続にかかる費用がまかなえない方は各地の法律扶助協会に相談してみてください）。

　次項で述べますように、どうしても調整のつかない相手業者には、

特定調停法の趣旨をふまえて債務者の経済的再生に役立つよう合理的な範囲で、17条決定を要請してみてください（もちろん調停委員会でも検討しているはずですが）。たとえ業者が不同意だと言っていても、確定する場合もありますので、その場合は安心でしょうし、もし異議が出て17条決定が失効したとしても事実上の解決としては、17条決定に盛り込まれた支払い条件で返済を続けることで業者の側も収まってしまう場合が多いようです。健康を損ねたり、他の債権者への弁済に差し支えるような行動はとらず、自分や家族の健康に留意しながら、調停で決まったその他の相手業者との約束を守って、その余力の範囲で対応してください。

## 3 ｜ 第2回期日

いよいよ、既に作成済みの弁済計画をもとに、調停委員が各債権者と個別に（多くはありませんが、債権者一同に対して説明するなど、事案〔親戚のものが相当額を一括弁済し、その余の免除を受けるような場合〕に応じて、集合調停もなされています）交渉することになります。調停にあたっては、各債権者に特定調停の趣旨を十分理解いただき債務者（申立人）の生活の再生に協力をいただくことになりますので、資料B（91頁）のような文書を同封したり調停委員が口頭で説明するなどしています。

第2回期日にはもちろん当事者である申立人は出頭していますが、業者によっては出頭はできないが17条決定を願いたい旨の上申書を提出している場合が少なからずあります。その場合、調停委員は期日に電話で債権者と交渉し、債務の現在額〔債務額がゼロのときもあります。これを債務不存在といいます〕、弁済方法、過怠約款（返済が遅れたときのとりきめ）等を詰める作業を行い、申立人にもその内容（特に実行可能な弁済方法）を確認し、それらを調停委員会として確認の上、調停主任裁判官が17条決定を作成することになります。

相手方業者である債権者が出頭している場合には、その意見を聞き、特定調停法の趣旨を説明し、利息制限法に基づく債務額の確認や債務

者の資力に応じた弁済額や期間に見合った弁済方法についての理解を求め、説得を行います。協議がととのえば、調停成立ということになります（資料2〔74頁〕参照）。合意が成立する見込みがない場合で調停委員会が相当と認める場合は17条決定を行うことになります。実務上の運用では概ね相当として17条決定がなされていますが、裁判所によっては業者から異議がでることが明らかな場合には17条決定をしないで不成立で終わることもあります。なかには、異議を申し立てるといっておきながら異議を申し立てない業者がいたり、仮に異議が出て失効するとしても利息制限法に基づく債務者の生活実態をふまえた決定に一定の意味があるという意見もありますので、もし申立人としても17条決定を希望する場合には、そのことを裁判所に対し明らかにしておく必要があるでしょう。この17条決定は、大きくは、**資料3**（75頁）のように債務額を確認し一定の金額を一定の期間支払うという分割弁済の場合と、**資料4、5**（76頁以下）のように申立人の相手方に対する債務が存在しないという債務不存在確認の場合の二つに分かれます。さらに、弁済方法（分割払、一時払、逓増型など）や一部免除、付保証（既存の保証人）、担保権不行使、既に存在する判決や公正証書による強制執行をしないなどの特約をつけるなどいろいろなパターンがあります。

　17条決定は、当事者に送達された後、2週間以内に異議が申し立てられた場合にはその効力を失います。したがってせっかくの17条決定の拘束力・形成力はなくなりますが、その後必ずしも訴訟等がなされるとは限らず、これを解決の目安として活用し、これに従って弁済を続け、事実上解決したのと同じ状態になっている方もあるようです。

## 4 │ 計算書の作成

　前にもお話したように、調停作業の大前提として、現時点での債務額の全体像を確定することと弁済原資の把握が、必要不可欠です。調停委員会としては、それを裏付ける契約書や受取証書及び貸付当初か

らの債権計算書を可能な限り提出してもらって、はじめて債務額の確定ができます。これらの提出がないと、その業者に対する返済はもちろん、その他の債権者に対しても、申立人の弁済原資に基づく平等な配分額が算定できないことになり、弁済計画が策定できず、調停作業の進行が遅れることになります。そのため裁判所は、申立人はもちろん他の債権者に不利益が及ばないよう、受付次第速やかな資料の提出を要請しています。

　以上のような調停作業の進捗を図るために、特定調停法10条では、当事者は、債権又は債務の発生原因及び内容、弁済等による債権又は債務の内容の変更等に関する事実を明らかにしなければならないと定められ、特定調停法12条では、調停委員会は、特定調停のために特に必要があると認めるときは、当事者に対し、事件に関係のある文書又は物件の提出を求めることができると定められています。債務者が受取証書等を取引の始めから全部保存していることが少ないため、多くの裁判所では、業者に対する調停受理通知送付の際、同時に、当初の契約時点から遡って債権計算書（特定調停規則4条は、弁済による債権の内容の変更を記載するときは、その算出の根拠及び過程を明らかにしなければならないと定めています）等を提出するよう債権者に求めています（91頁資料B参照、多くの裁判所では、利息制限法の制限利息で引き直し計算することを債権者に求めています）。

## 5 │ 業者の提出義務

　しかし、上記文書やその後の書記官からの催告にもかかわらず、計算書を相手業者が提出しない場合には、特定調停法12条によって調停委員会はその提出を命ずることになります。少なからぬ簡裁などでは提出命令はもちろん、それでも提出しない業者には過料の制裁がなされ、その結果、業者は10万円以下の過料を納めるとともに債務不存在の17条決定等でその事案も終了しているようです。それらの事件で、業者は、計算書は保存期間が10年とされる商業帳簿に当たらないとか、

弁済ないし取引終了の時点から３年ないし５年（貸金業規制法に基づく保存義務が3年、税務上の保存義務をが５年というのがその根拠と思われます）を経過したものは、コンピューターから自動的に抹消されることになっていることなどを理由に、即時抗告（不服申立）を行っています。しかし、抗告審である地裁も、簡裁の決定理由とほぼ同様に事実認定の問題として、今日の大容量を有するコンピューターの能力からすると、他の同規模業者では古いものも提出されているのに、この業者のみ顧客の信用情報である取引履歴を5年を経過するとわざわざ消去するというのも不自然であり、むしろコンピューターから計算書を作成することは可能であるとして、過料の制裁を支持しています。

なお、業者の提出義務の根拠としては、特定調停法のほかに、民法上（このような当事者及び契約関係における信義則）のものと、貸金業規制法（行政指導）に基づくものとが考えられています。前者については、地裁レベルはもちろん東京高裁などでも、この考えを支持する判断を示しています（平成14年４月30日判決、判例時報1780号98頁以下）。後者については貸金業規制法に基づく監督のため指針として金融庁のガイドラインが定められています。取引関係の正常化の項（ガイドライン３-２-７）に、貸金業者は、弁済を行おうとする者から、弁済に係る債務の内容について開示を求められたときに協力することと定められ、これをもとに関係者からの申告などに基づき監督官庁である知事や財務局（実際の窓口は、都道府県や出先の財務局の金融課など）が行政指導を行っています。

## 6 弁済原資の把握と家計管理

　もう一つの大前提である弁済原資について考えてみましょう。弁済原資の意味については、コラムでも説明していますが、一言で言えば、手取収入から生活に必要な衣食住などの費用を控除した金額ということです。この金額を見積もるためでもありますが、申立人が支払いに

困るような事態になった原因を冷静に認識するためにも必要なことと言えるでしょう。債務の確認額のために、利息制限法の利率に基づく引き直し計算を行うとともに、収入支出を帳面につけ各項目ごとに検討したり、その予算を作りこれに基づいて買い物をし、家計管理を行うことは、極めて大切な作業です。そして、この家計管理は、債務者がサラ金苦の状態から脱出するためには欠かせない作業であって、無事特定調停が終わり、最終的に決まった弁済計画を実行していくために、継続していく必要があります。むだな消費をやめ、リサイクル商品や見切り品などで節約していく覚悟が必要です。大きな金額の項目としては、食費、住居費や自動車にかかる費用がありますが（もちろん人間関係、栄養や健康のことも考慮した上で）、思い切った改善策も必要でしょう。可能なら収入のアップ策も検討してください（もっとも、現実の弁済計画においては、減収を想定することのほうが妥当な場合もあります）。

　この家計管理は、調停の申立を行うと決意したその時から取りかかる必要があります。ともかく毎日家計簿を付けてください。そしてそれを自分で検討しながら、まず実行可能な予算を作って、それを実践してください。支出の項目としては、食費、住居費、水道光熱費、日用雑貨費、趣味娯楽費、被服費、交際費、こづかい、子どもの養育費、その他などが考えられ、家族構成・居住条件・年令・職業・ライフステージなどによって当然各項目の比率は異なってきます。目安としては食費が15から20％、住居費が20から30％、それ以外が40から50％くらいのようです（畠中雅子著『家計の方程式』ＮＨＫ出版参照）。そうすると弁済に当てられるのは10から20％くらいとするのが妥当なようで、これを大幅にこえるような弁済額を長期間予定する弁済計画は、非現実的であったり限度を超える耐乏生活を強いることになるおそれがあります。したがって、現実的な弁済計画が不可能な場合には特定調停とは別の法的方法をとることにならざるをえません。

# 8

## 借金の問題は法律問題だ！

お金を借りている
人（債務者）へ

借金で困っているときに、借金とはなにかを講釈されても、いまさらどうなるんだ、と思うかもしれません。しかし、これを知っていると知らないでは天と地の差がつくことは間違いありません。ちょっと辛抱して読み進んでください。

## 1 あなたはサラ金業者と対等です！

借金で追いかけられているときは、頭が回らないだけでなく、人に相談すること自体恥ずかしいと考えてしまいがちです。

しかし、サラ金からの借金は、普通、金銭消費貸借（きんせんしょうひたいしゃく・民法587条）という「契約」を根拠としています。契約は、お互いが対等な立場で誠実に約束を交わし、そのしるしに契約書に署名したり、はんこを押したりするのです。

ですから、お金を借りた理由や事情には関係なく、金融業者や貸した側（債権者）と、借りた側（債務者）や保証人との間には、一応対等な法律関係が生まれています。

しかし、実際には貸金業者と借りる人とは対等ではありません。そのため、とんでもない高利などの暴利行為が横行したりします。このような社会的に容認できないような暴利行為などから被害者である借り手を救済するために守るべきルールとして、利息制限法や貸金業規制法、出資法などの法律があります。

したがって、お互いにルール違反があれば、それぞれ責任を負わな

ければいけないし、トラブルになったり、問題がこじれたときには、弁護士や司法書士などの法律専門家のアドバイスを受けることが必要です。

## 2 お金は、法律に従って貸し付けられ、法律に従って返される

借金は、法律に従って貸し付けられ、法律に従って返さなければなりません。返す側（債務者）だけではなく、貸した側（債権者）にも法律を守る義務があります。

### 貸す側（債権者）が守るべきことの代表的な例

**①貸金業登録業者であること**

貸す側は、貸金業規制法3条によって財務大臣（財務局長）や都道府県知事の登録を受けた業者であることを示さなければなりません。登録を受けたことを明示していない業者は「ヤミ金融」と言われる違法な業者です。ヤミ金融を営む者は、それだけで刑罰を受けます。

**②利息には法律上制限があること**

金を貸す場合にも、法律で利率の制限が決められています（平成12年6月1日以降）。

　　○利息制限法1条1項

　　　元金が10万円未満
　　　（1円から99,999円まで）……………年20％

　　　元金が10万円以上100万円未満
　　　（10万円から99万9999円まで）…………年18％

　　　元金が100万円以上 …………………………年15％

これを超えるような金利の契約は、その超えた部分について無効です。したがって、借りた側は、これを超える利息を返す必要がありません。その上、29.2％を超える金利で貸した業者は、出資法違反とし

て刑事罰の対象となります。

### ③お金を借りたときは、決まった書類を渡す義務がある

　お金を貸し出すときに、貸金業者が守るべき契約書の書き方には、以下のような最低限度の約束があります。

　貸金業規制法17条（書面の交付）と貸金業規制法施行規則13条（貸付けに係る契約についての書面の交付）には、

　　○貸金業者に関すること
　　　…商号（会社名・名称）、氏名、所在地、登録番号

　　○債務者に関すること
　　　…借りた者と連帯保証人の氏名、名称、住所

　　○契約年月日
　　○貸し付けた金額
　　○利率（実質年率）
　　○貸金業者が受け取った書類の内容
　　○返済の方法に関すること
　　　…利息の計算方法、返済の方法や場所、分割返済する場合の支払期限と支払金額

　　○返済が遅れたときの遅延損害金の計算方法
　　○借り換えをしたときの元の情報
　　　…借金の内訳（元金・利息・遅延損害金）、元の契約を特定する情報

　　○債務者の情報を信用情報機関に登録すること

など、細かく記載内容が決められています。

### ④お金を返したときも、決まった書類を渡す義務がある

　お金を返したときに業者から受け取る領収証の書き方にも最低限の約束があります。

　貸金業規制法18条（受取証書の交付）と貸金業規制法施行規則15条（受取証書の交付）では、債務者が借金の全部または一部を返済したとき、業者は「その都度」、「直ちに」、返済した者に、以下のことがらが書かれた領収証を交付しなければなりません。

　　○貸金業者に関すること

…商号（会社名・名称）、氏名、所在地、登録番号
　○債務者の商号、名称又は氏名
　○契約年月日
　○貸し付けた金額（保証契約にあっては、保証に係る貸付けの金額）
　○受領金額及びその利息、賠償額の予定に基づく賠償金又は元本への充当額
　○受領年月日
　○弁済を受けた旨を示す文字
　○債務者（貸付けに係る契約について保証契約を締結したときにあっては、主たる債務者）以外の者が債務の弁済をした場合においては、その者の商号、名称又は氏名
　○当該弁済後の残存債務の額

**⑤貸金業者の取り立てにも規制がある**

　借金の支払が遅れた場合、人目をはばかったり、業者から督促や取り立てを受けたりすることがあります。契約に違反して、支払が遅れたために取り立てされることは仕方がないと債務者は思ってしまいがちですが、貸金業規制法21条や貸金業規制法施行規則、金融庁の事務ガイドラインで次のような取り立ては禁止されています。
　　○人を威迫し又はその私生活もしくは業務の平穏を害するような言動により、債権者を困惑させること
　具体的には
　　○暴力的な態度
　　○大声をあげたり、乱暴な言葉を使ったりすること
　　○多人数で押し掛けること
　　○午後9時から午前8時まで（その他不適当な時間帯に）電話や電報で催促したり、訪問すること
　　○何度も繰り返して電話をかけたり、電報や電子メールやファックスを送りつけたりすること
　　○はり紙を貼ったり、落書きをしたり、その他借金やプライバシーをばらすようなこと
　　○勤務先を訪問して、債務者、保証人等を困らせたり、不利益を与えること

○他の貸金業者やクレジットカードを使用して借金の返済を迫ること

## 3 どうしよう？ではなく、どうにかしましょう！

**①借金返済では家族をあてにしない**

　借金をすることは、社会的に自立した大人であることが前提です。経済的にも自立したことが前提なので、借りた本人は、家族や友人、恋人に借金の返済で甘えてはいけないし、周囲の人も本人が困っているからといって、安易に金銭的な援助をしてはいけません。安易に経済的な支援をすると、必ず借金のトラブルは再発します。

　まず、本人が一度は、弁護士や司法書士に相談に行ったり、裁判所に行く努力をしなければいけませんし、家族も本人がそのような努力ができるよう支援して下さい。

**②弁護士や司法書士に相談しよう**

　もう一度申し上げます。金を借りたあなたにとっては、借りた理由や事情がどうであれ、借金のトラブルは、法律問題です。

　やはり、理由や事情に関係なく、法律専門家である弁護士や司法書士に相談しましょう。

　弁護士や司法書士は、法律の専門家であり、借金契約時の問題点の整理や具体的な借金返済方法のアドバイスが頂けます。
また、有料で事件の解決を依頼すれば、支払いすぎた利息や遅延損害金を、正当な額に引き直して元本に組み入れてくれたりするための手続をしてくれます。

　何よりも、弁護士や司法書士に依頼すると、貸金業者は、直接債務者からの取り立てをすることができなくなりますので、とりあえず家庭に平和が戻って来ます。

## 4 正しく裁判所を使おう！

　裁判所は、国民がトラブルを解決するために、公平中立に問題を解決する機関です。だれでも、裁判所のユーザーです。困ったときは、どんどん裁判所を利用すべきです。怖いところではありません。

　借金の返済に行き詰まった場合、裁判所を通じて、貸金業者と支払方法について話し合うことができます。また、返済不能になったときには、今までの借金を帳消しにして、新たに人生を再出発することも考えられます。

　裁判所で手続が始まると、貸金業者は債務者からの取り立てが禁止されます。

## 5 そのほか知っておきたいこと

### ①裁判所での受付相談

　簡易裁判所では、「受付相談」という名前で無料の相談が行われていますので、そこでどのような形で事件を受け付けてもらえるかアドバイスを受けてみるとよいでしょう。なお、裁判所は公平中立な判断機関ですので、相談内容は、法的手続に関することであり、将来の生活再建まで相談に乗ってもらえるわけではありません。

### ②違法な業者に対してどうするか

　借金返済に関し、業者と債務者の話し合いは、裁判所の調停係で行います。調停の場で、業者を違法だと訴えても、調停は、刑事裁判をする場ではありませんので、貸金業者に犯罪性（前述の取立規制違反や、出資法違反の高金利など）のある場合は、警察に相談が必要です。これも弁護士や司法書士のアドバイスを受けた方が適切な対応が取れ

るでしょう。

## 6 借金問題は「生活習慣病」？

　私たちは、多重債務問題を解決するために欠くことのできないアドバイスとして、生活習慣の改善指導が必要であると考えています。

・収入と支出のバランスが取れていない

　借金の問題は、まず収入と支出のバランスが取れていないことが原因です。生活に必要な費用を賄うだけの収入がない場合もあるし、不必要な支出をしてしまっている場合もあります。

　あなたはどちらでしょうか？

・実際に支払う利息が理解できない

　利息制限法の範囲内であったとしても、元金に対して支払う利息は、大変高額になります。100万円を借りると、単純計算で年間15万円もの利息を支払わねばなりません。利息の支払いが苦しくなって、利息分の新たな借金をすると、雪だるま式に借金が増え、取り返しのつかない事態に陥ります。

●家計簿を付けてみる

　だれでも面倒なことかもしれませんが、借金問題で困っている人は、家計簿を付けてみましょう。特別なノートを買ってくる必要もありません。手持ちの手帳や使い古しのノートまたはカレンダーの裏に収入と支出の明細を日付順に付けましょう。どういうところに無駄があるのか一目瞭然です。また、家計簿を連続して付けることができれば、借金返済の明細にもなりますし、借金の使い道もはっきり見えてきます。特定調停の手続に際しても、有利な証拠に使うことができます。

●どこが問題か気づこう

　自分にとって何が問題でしょうか？　無駄遣いでしょうか？　日ごろ気に留めずに使っている支出の明細を改めて見ると、毎日の飲食代にも無駄があるかもしれません。できれば調停の手続の際、家計簿を

そっくりそのまま見せる勇気も必要です。

●価値観を変える——物質依存？

　あなたは、生活で何に依存していますか？何が怖いでしょうか？もしかすると、ほかの人にとっては重要でない事柄に依存しているかもしれません。コーヒーやたばこに始まり、競馬やパチンコ、趣味の買い物まで、意外と手放せない物質依存状態になっているかもしれません。自分の満足のために借金しているなら、すでに生活習慣病としての多重債務問題に陥っています。医者の代わりに法律家のアドバイスが必要です。

## 知って得するワンポイント知識

### 利息制限法と出資法

　現在、大半の貸金業者は利息制限法の制限金利を超える利息を徴収しています。なぜなら、利息制限法に違反しても罰則規定がない上、貸金業規制法の43条によって、利息制限法を超えた金利でも一定の要件を満たせば債務者が任意に支払った場合には有効な債務の弁済とみなす規定があるからです。

　金利の罰則規定があるのは出資法（正式には「出資の受入れ、預り金及び金利等の取締りに関する法律」）で、この法律の中で、年109.5％を越える利息の契約をし、またはこれを超える利息を受領したときは5年以下の懲役もしくは1000万円以下の罰金またはこれらを併科すると規定されています。別に、業として金銭を貸し付ける場合は年29.2％（平成12年5月31日以前は年40.004％）を超える利息を受領した場合同罪と規定されています。

　ですから、大半の貸金業者が年18％〜29.2％の範囲で貸付を行っています。ところが、前述の貸金業規制法43条に定められている要件を満たしている業者はほとんどありませんので、利息制限法を超えて支払った利息は元金が残っていれば元金に充当され、元金を超えて払いすぎた金利分（この払いすぎた金利分を「過払い」といいます）は返還請求することができます。

資料

## 【資料１】特定調停申立書

<table>
<tr><td colspan="2">特定調停申立書<br>平成　年　月　日<br>簡易裁判所御中<br>特定調停手続により調停を行うことを求めます。</td></tr>
<tr><td>申立人</td><td>住所（〒　　－　　　）<br>（フリガナ）<br>氏名　　　　　　　　　　　印　（TEL　　　　　）<br>　　　　　　　　　　　　　　　（FAX　　　　　）<br>　　　　　　　　　　　　　生年月日　昭　年　月　日</td></tr>
<tr><td>相手方</td><td>住所（法人の場合は本店）（〒　　－　　　）<br><br>氏名（法人の場合は会社名・代表者名）（TEL　　　）<br>　　　　　　　　　　　　　　　　　　（FAX　　　）<br>　　　　代表者代表取締役<br>（支店・営業所の所在地）（〒　　－　　　）<br>　　　　　　　　　　　　　　　（TEL　　　　　）<br>　　　　　　　　　　　　　　　（FAX　　　　　）</td></tr>
<tr><td>申立ての趣旨</td><td>（該当の項目に○を付けてください。）<br>１　債務額を確定したうえ債務支払方法を協定したい。<br>２　紛争の要点２の債務を負っていないことを確認する。</td></tr>
</table>

<table>
<tr><td rowspan="4">受　付　印</td><td colspan="2">調停事項の価額　　　　　　円<br>手　数　料　　　　　　　　円</td><td>貼用印紙欄</td></tr>
<tr><td>ちょう用印紙　　　　　　円</td><td rowspan="2">印</td><td rowspan="3"></td></tr>
<tr><td>予納郵便切手　　　　　　円</td></tr>
</table>

（一般個人用）

紛争の要点

1 債務の種類

　　□　借受金債務

　　□　保証債務(借受人氏名　　　　　　　)

　　□　立替金

　　□　求償金

　　□　その他


2 借受金額等

| 契　約　日 | 借　受　金　額 | 利　息<br>年　　　　% | 損害金<br>年　　　　% | 備　考 |
|---|---|---|---|---|
| | | | | |
| | | | | |
| | | | | |


3 返済状況

| 期　　　間 | 返済した金額 | 残　元　本 | 利息・損害金<br>の　残　額 | 備　考 |
|---|---|---|---|---|
| | | | | |


添付書類

　　　　□契約書(写)　　　□領収書(写)

　　　　□その他

## 特定債務者であることを明らかにする資料 (提出資料)

申立人 _____

【□にレ点を付したもの】
**1 申立人の資産，負債**
(1) 資産
　　不動産（住居）（土地［□ 自己所有，□ 借地］）
　　　　　　　　　（建物［□ 自己所有，□ 借家］）
　　□ 預貯金（銀行，信用金庫，郵便局等）
　　　　金融機関名（　　　　　　　　），残高（約　　　　万円）
　　　　金融機関名（　　　　　　　　），残高（約　　　　万円）
　　　　金融機関名（　　　　　　　　），残高（約　　　　万円）
　　□ 保険（生命保険，損害保険）
　　　　保険会社名（　　　　　　　　），毎月の掛金（　　万　　円）
　　　　保険会社名（　　　　　　　　），毎月の掛金（　　万　　円）
　　□ その他（　　　　　　　　　　　　　　　　　　　　　　）
(2) 負債
　　紛争の要点及び関係権利者一覧表のとおり
　　□ その他（　　　　　　　　　　　　　　　　　　　　　　）

**2 申立人の生活状況**（□にレ点を付したもの）
(1) 職業
　① □ なし
　　収入
　　　□ 年金（毎月約　　　万円），□ 生活保護（毎約　　　万円）
　　　□ その他（　　　　　　　　　　　　　　　　　　　　　）
　② □ 正社員，□ アルバイト，□ 自営業，□ その他
　　職種（　　　　　　　）
　　収入　月約　　　万円
　　ボーナス　□ 無
　　　　　　　□ 有（年　　回，1回の支給額約　　　　万円）
　　勤務先（名称）
　　_____
　　　　　　　　　　　　　　　　（TEL　　－　　　－　　　）
(2) 家族の状況

| 氏　名 | 続柄 | 年齢 | 職業 | 月収（円） | 備　考 |
|---|---|---|---|---|---|
|  | 配偶者 |  |  |  |  |
|  |  |  |  |  |  |
|  |  |  |  |  |  |
|  |  |  |  |  |  |

## 3 家計収支表【1か月の家計の収支を記載してください。】

平成　　年　　月分

| 収　入 | | 支　出 | |
|---|---|---|---|
| 費　目 | 金　額（円） | 費　目 | 金　額（円） |
| 給　与（申立人） | | 住居費（家賃，地代） | |
| 給　与（配偶者） | | 住宅ローン | |
| 給　与（　　　） | | 食　費 | |
| 自営収入（申立人） | | 光　熱　費（電気，ガス，水道） | |
| 自営収入（　　　） | | 日　用　品 | |
| 年　金（申立人） | | 電　話　料　金 | |
| 年　金（配偶者） | | 新　聞　代 | |
| 年　金（　母　） | | 保　険　料 | |
| 雇　用　保　険 | | 医　療　費 | |
| 生　活　保　護　費 | | 教　育　費 | |
| 児童（扶養）手当 | | 被　服　費 | |
| 他からの援助（援助者）（　　） | | 娯　楽　費 | |
| そ　の　他 | | 駐　車　場　代 | |
| | | ガソリン代 | |
| | | 小　遣　い | |
| | | そ　の　他 | |
| | | | |
| 合計 | 円（A） | 合計 | 円（B） |

毎月の返済可能額
　収入合計（A）－支出合計（B）＝　　　　　　　円

毎月の返済額
　合計　　　万　　　円（　　　社）

---

**希望する調停条項の概要**
（借入金等をどのようにして返済しようと計画しているのかを記載してください。）
ア　返済方法
　□　一括返済（返済時期　平成　　年　　月頃）
　□　分割返済
　　□　平成　　年　　月から　　年間
　　□　返済金額　毎月約　　万円
イ　弁済原資
　□　自己資金，□　他からの援助（救助者　　　　　　　　　）
　□　その他（　　　　　　　　　　　　　　　　　　　　　　）

## 関 係 権 利 者 一 覧 表 ① (提出資料)

申立人　_____

**【本調停手続の相手方としている債権者について記載してください。】**

| 番号 | 名　称（氏名）／所在地（住所） | 債権の発生原因, 内容　年 月 日 | 金額(円) | 残高(円) | 担保権(内容) | 保証人(氏名) |
|---|---|---|---|---|---|---|
| 1 | ………………………… | ・ ・ | | | | |
| 2 | ………………………… | ・ ・ | | | | |
| 3 | ………………………… | ・ ・ | | | | |
| 4 | ………………………… | ・ ・ | | | | |
| 5 | ………………………… | ・ ・ | | | | |
| 6 | ………………………… | ・ ・ | | | | |
| 7 | ………………………… | ・ ・ | | | | |
| 8 | ………………………… | ・ ・ | | | | |
| 9 | ………………………… | ・ ・ | | | | |
| 10 | ………………………… | ・ ・ | | | | |

［関係権利者が会社の場合は，契約した支店名，所在地を記載してください。］

☐　続用紙あり

## 関係権利者一覧表 ② (提出資料)

申立人 _____

**【本調停手続の相手方以外に債権者がある場合は記載してください。】**

| 番号 | 名　称（氏名）<br>所在地（住所） | 債権の発生原因, 内容 | | | 担保権<br>(内容) | 保証人<br>(氏名) |
|---|---|---|---|---|---|---|
| | | 年 月 日 | 金額(円) | 残高(円) | | |
| 1 | | ・　・ | | | | |
| 2 | | ・　・ | | | | |
| 3 | | ・　・ | | | | |
| 4 | | ・　・ | | | | |
| 5 | | ・　・ | | | | |
| 6 | | ・　・ | | | | |
| 7 | | ・　・ | | | | |
| 8 | | ・　・ | | | | |
| 9 | | ・　・ | | | | |
| 10 | | ・　・ | | | | |

［関係権利者が会社の場合は，契約した支店名，所在地を記載してください。］

☐　続用紙あり

## 【資料２】調停調書

調停主任認印

調 停 調 書

| | |
|---|---|
| 事件の表示 | 平成15年（特ノ）第○○号 |
| 期日 | 平成15年7月24日 |
| 場所 | 加古川簡易裁判所調停室 |
| 調停主任裁判官 | 原田　貢二 |
| 民事調停委員 | 松本　庄一 |
| 民事調停委員 | 大西　照子 |
| 裁判所書記官 | 山田　信康 |
| 当事者の出頭状況等 | |
| 　　申立人 | 藤原　忍 |
| 　　相手方代理人 | 古野　正二郎 |
| | 各出頭 |

手続の要領等

　　　当事者間に次のとおり調停成立
第1　当事者の表示
　　　兵庫県西脇市○○町○○番地
　　　　申立人　　　藤原　忍
　　　東京都新宿区西新宿1丁目○番○号
　　　　相手方　　　F株式会社
　　　　同代表者代表取締役　　　藤本　太郎
第2　申立の表示
　　　申立人が相手方から平成11年8月19日から平成15年3月18日までに借り受けた金員について、その債務額の確定と債務支払い方法の協定を求める申立
第3
　1　申立人は、相手方に対し、申立人が、相手方から平成11年8月19日付金銭消費貸借契約に基づき同日から平成15年3月20日までに借り受けた金94万8000円の本日現在の残元金52万9567円及び利息・損害金1万1053円（合計54万620円）の支払義務があることを認める。
　2　申立人は、相手方に対し、前項の金員の内金1万5000円を本調停の席上で支払い、相手方はこれを受領した。
　3　申立人は、相手方に対し、第1項の金員から前項の内金を控除した残金につき、次のとおり分割して、UFJ銀行○○支店の相手方名義の普通預金口座（番号1245637）に振り込む方法で支払う。
　　　平成15年9月から支払済みまで、毎月10日限り、金1万5000円ずつ、ただし最終回は端数金のみ金1万5620円。
　4　申立人が、前項の分割金の支払を怠り、その額が金3万円に達したときは、当然に期限の利益を失い、申立人は、相手方に対し、第1項の金員から既払額を差し引いた残額及び残元金に対する期限の利益喪失日の翌日から支払済みまで年18パーセントの割合による遅延損害金を付加し一括して即時に支払う。
　5　当事者双方は、本件に関し、本決定条項に定めるほか何らの債権債務のないことを相互に確認する。
　6　調停費用は、各自の負担とする。

裁判所書記官　　山田　信康　印

## 【資料３】分割払いの例

平成15年（特ノ）第○○号債務支払猶予調停事件
　　　　　　　　　　　　　　決　　定
兵庫県西脇市○○町○○番地
　　　申　立　人　　　　　　　藤　原　忍
東京都新宿区西新宿○丁目○番○号○ビル28F
　　　相　手　方　　　　　　　株式会社　D社
　　　同代表者代表取締役　　　武田保雄
　上記事件について，当裁判所は，当事者双方の意向・提出資料及び申立人の支払能力等の事情並びに当事者間の衡平を考慮し，民事調停委員の意見を聴き，民事調停法第17条に基づき，つぎのとおり調停に代わる決定をする。
　　　　　　　　　　　　　主　　文
1　申立人は，相手方に対し，申立人が，相手方から平成13年7月12日付金銭消費貸借契約に基づき同日から平成15年4月20日までに借り受けた金65万5000円の本日現在の残元金26万5941円及び利息・損害金9573円（合計金27万5514円）の支払義務があることを認める。
2　申立人は，相手方に対し，前項の金員を次のとおり分割して，三井住友銀行○○支店の相手方名義の普通預金口座（番号1234567）に振り込む方法で支払う。
　　平成15年8月10日限り，金8000円，平成15年9月から支払済みまで，毎月10日限り，金7700円ずつ，ただし最終回は端数金のみ金6014円。
3　申立人が，前項の分割金の支払を怠り，その額が金1万5400円に達したときは，当然に期限の利益を失い，申立人は，相手方に対し，第1項の金員から既払額を差し引いた残額及び残元金に対する期限の利益喪失日の翌日から支払済みまで年18パーセントの割合による遅延損害金を一括して即時に支払う。
4　当事者双方は，本件に関し，本決定条項に定めるほか何らの債権債務のないことを相互に確認する。
5　調停費用は，各自の負担とする。
　　　　平成15年7月24日
　　　　　加古川簡易裁判所
　　　　　　　　　　　　　　原田　貢二
（本決定の告知を受けた日から2週間以内に異議の申立てをすることができる。この期間内に異議の申立てがあったときは，本決定は効力を失う。）

## ●この決定のポイント

申立て人の借金の額（平成10年8月19日～13年11月3日）65万5000円
うち，決定日までの借金の残元金額　26万5941円　①
利息・損害金　9573円　②
①＋②の合計額（分割支払合計額）　27万5514円　③
支払い方法　1～35回　　　　　各7700円
最終（36）回　6014円

　本件は，利息制限法の利率である18％で計算しなおしたこと。③の額には，決定後の利息は付かないこと，遅延損害金も18％であることがポイントです。

## 【資料４】債権債務なし（いわゆる清算条項）による決定例

平成14年（特ノ）第10000号債務支払猶予調停事件

決　　　定

大阪府吹田市〇〇が丘１－２－304
　　　　　　　　申　立　人　　　甲
東京都新宿区西新宿〇丁目〇番〇号
　　　　　　　　相　手　方　　　乙ファイナンス株式会社
　　　　　　　　同代表取締役　　丙

主　　　文

１　相手方は，申立人に対し，申立人が相手方から本日までに借り受けた金員について，本日現在，申立人の相手方に対する債務が存在しないことを確認する。
２　当事者双方は，本件に関し，本決定条項に定めるほか何らの債権債務のないことを相互に確認する。（※）
３　調停費用は，各自の負担とする。

理　　　由

　当裁判所は，相手方が提出した書面等を検討し，当事者双方の意向及び申立人の経済的再生のほか債権者間の公平をも勘案し，民事調停委員の意見を聴いた上，民事調停法第17条に基づき主文のとおり決定する。

　　　　平成15年１月20日
　　　　　　　加古川簡易裁判所
　　　　　　　　　　　　　　　　　裁判官　　原田　貢二

　当事者双方は，この決定の告知を受けた日から２週間以内に異議の申立てをすることができる。

## ●この決定のポイント（※）

　主文２に書かれていることは，「債権＝過払い」も「債務＝借金」もない，ということです。
　実際は，いくらかの過払いや借金（残債務）があったとしても，業者も債務者も事件の速やかな解決を望んだということを意味する場合が多いようです。このような「債権債務なし」の条項を「清算条項」と言います。

## 【資料5】債務なしで決定された事例

> 平成15年（特ノ）第○○号債務支払猶予調停事件
> 　　　　　　　　　決　　　定
> 兵庫県西脇市○○町○○番地
> 　　　　　　　申　立　人　　藤原　忍
> 京都市下京区○○通○条上る○○町123-4
> 　　　　　　　相　手　方　　A株式会社
> 　　　　　　　同代表者代表取締役　　　　福本　光吉
>
> 　上記事件について，当裁判所は，当事者双方の意向・提出資料及び当事者間の衡平を考慮し，民事調停委員の意見を聴き，民事調停法第17条に基づき，つぎのとおり調停に代わる決定をする。
> 　　　　　　　　　主　　文
> 1　相手方は，申立人に対して，申立人が，相手方から平成9年7月29日から平成14年8月30日までに借り受けた金123万6000円について，本日現在の申立人の相手方に対する債務が存在しないことを確認する。
> 2　調停費用は，各自の負担とする。
> 　　　　　平成15年7月24日
> 　　　　　　　　加古川簡易裁判所
> 　　　　　　　　　　　　　　　　原田　貢二
>
> （本決定の告知を受けた日から2週間以内に異議の申立てをすることができる。この期間内に異議の申立てがあったときは，本決定は効力を失う。）

### ●この決定のポイント（※）

　主文1は，債務＝借金がないことがはっきりしたことを意味しただけです。
　過払い＝債権は残っていることが考えられます。
　藤原さんは，今後，業者を相手に過払金返還請求をしていくことができます。逆に「債権債務なし」と主文に書かれれば，「債権＝過払い」も「債務＝借金」もない，ということです。このような「債権債務なし」の条項を「清算条項」と言いますが，過払い状態でこの条項を記載されれば事実上，過払いの返還請求を断念せざるを得なくなります。

## 【資料６】計算書（調停前）

業者名　D社　　　　　　　　　　　　　　（業者との約定金利で計算）
　　　　　　　　　　　　　　　　　　　　債務者　藤原　忍

| 取引日 | 借入額 | 返済額 | 日数 | 遅延日数 | 利率 | 利息 | 遅延損害金 | 元金返済額 | 残元金 | 未精算利息 |
|---|---|---|---|---|---|---|---|---|---|---|
| H13.07.12 | 300,000 | | | | 29.2000% | 0 | | | 300,000 | 0 |
| H13.08.12 | | 20,000 | 31 | | 29.2000% | 7,440 | 0 | 12,560 | 287,440 | 0 |
| H13.09.15 | | 20,000 | 34 | | 29.2000% | 7,818 | 0 | 12,182 | 275,258 | 0 |
| H13.10.15 | | 20,000 | 30 | | 29.2000% | 6,606 | 0 | 13,394 | 261,864 | 0 |
| H13.11.11 | | 20,000 | 27 | | 29.2000% | 5,656 | 0 | 14,344 | 247,520 | 0 |
| H13.12.12 | | 20,000 | 31 | | 29.2000% | 6,138 | 0 | 13,862 | 233,658 | |
| H14.01.15 | | 20,000 | 34 | | 29.2000% | 6,355 | 0 | 13,645 | 220,013 | 0 |
| H14.02.13 | | 20,000 | 29 | | 29.2000% | 5,104 | 0 | 14,896 | 205,117 | |
| H14.03.14 | | 20,000 | 29 | | 29.2000% | 4,758 | 0 | 15,242 | 189,875 | |
| H14.04.12 | | 20,000 | 29 | | 29.2000% | 4,405 | 0 | 15,595 | 174,280 | 0 |
| H14.04.25 | 50,000 | | 13 | | 29.2000% | 1,812 | 0 | 0 | 224,280 | 1,812 |
| H14.05.11 | | 20,000 | 16 | | 29.2000% | 2,870 | 0 | 15,318 | 208,962 | |
| H14.06.15 | | 20,000 | 35 | | 29.2000% | 5,850 | 0 | 14,150 | 194,812 | |
| H14.07.13 | | 20,000 | 28 | | 29.2000% | 4,363 | 0 | 15,637 | 179,175 | 0 |
| H14.08.12 | | 20,000 | 30 | | 29.2000% | 4,300 | 0 | 15,700 | 163,475 | 0 |
| H14.09.13 | | 20,000 | 32 | | 29.2000% | 4,184 | 0 | 15,816 | 147,659 | 0 |
| H14.10.15 | | 20,000 | 32 | | 29.2000% | 3,780 | 0 | 16,220 | 131,439 | |
| H14.11.12 | | 20,000 | 28 | | 29.2000% | 2,944 | 0 | 17,056 | 114,383 | |
| H14.12.05 | 10,000 | | 23 | | 29.2000% | 2,104 | 0 | 0 | 124,383 | 2,104 |
| H14.12.15 | | 20,000 | 10 | | 29.2000% | 995 | 0 | 16,901 | 107,482 | 0 |
| H14.12.25 | 20,000 | | 10 | | 29.2000% | 859 | 0 | 0 | 127,482 | 859 |
| H15.01.12 | | 20,000 | 18 | | 29.2000% | 1,835 | 0 | 17,306 | 110,176 | 0 |
| H15.02.13 | | 20,000 | 32 | | 29.2000% | 2,820 | 0 | 17,180 | 92,996 | 0 |
| H15.02.22 | 20,000 | | 9 | | 29.2000% | 669 | 0 | 0 | 112,996 | 669 |
| H15.03.12 | | 20,000 | 18 | | 29.2000% | 1,627 | 0 | 17,704 | 95,292 | 0 |
| H15.04.12 | | 20,000 | 31 | | 29.2000% | 2,363 | 0 | 17,637 | 77,655 | |
| H15.04.20 | 250,000 | | 8 | | 29.2000% | 196 | 0 | 0 | 327,655 | 496 |
| H15.05.12 | | 20,000 | 22 | | 29.2000% | 5,766 | 0 | 13,738 | 313,917 | 0 |
| H15.07.24 | | 0 | 73 | | 29.2000% | 18,332 | 0 | 0 | 313,917 | 18,332 |

　　　　　　650,000　440,000

これらの計算書はD社との特定調停の例（23頁）をもとに作ったものです。
左（資料６）は、業者の提出した計算書ですが、裁判所で利息制限法に従って18％で計算し直すと右（資料７）のようになり残元金も約５万円減った265,941円になりました。

## 【資料7】計算書（調停後）　　　　　　　　（利息制限法の制限金利で計算）

業者名　D社　　　　　　　　　　　　　　　債務者　藤原　忍

| 取引日 | 借入額 | 返済額 | 日数 | 遅延日数 | 利率 | 利息 | 遅延損害金 | 元金返済額 | 残元金 | 未精算利息 |
|---|---|---|---|---|---|---|---|---|---|---|
| H13.07.12 | 300,000 | | | | 18% | 0 | | | 300,000 | 0 |
| H13.08.12 | | 20,000 | 31 | | 18% | 4,586 | 0 | 15,414 | 284,586 | 0 |
| H13.09.15 | | 20,000 | 34 | | 18% | 4,771 | 0 | 15,229 | 269,357 | 0 |
| H13.10.15 | | 20,000 | 30 | | 18% | 3,985 | 0 | 16,015 | 253,342 | 0 |
| H13.11.11 | | 20,000 | 27 | | 18% | 3,373 | 0 | 16,627 | 236,715 | 0 |
| H13.12.12 | | 20,000 | 31 | | 18% | 3,618 | 0 | 16,382 | 220,333 | 0 |
| H14.01.15 | | 20,000 | 34 | | 18% | 3,694 | 0 | 16,306 | 204,027 | 0 |
| H14.02.13 | | 20,000 | 29 | | 18% | 2,917 | 0 | 17,083 | 186,944 | 0 |
| H14.03.14 | | 20,000 | 29 | | 18% | 2,673 | 0 | 17,327 | 169,617 | 0 |
| H14.04.12 | | 20,000 | 29 | | 18% | 2,425 | 0 | 17,575 | 152,042 | 0 |
| H14.04.25 | 50,000 | | 13 | | 18% | 974 | 0 | 0 | 202,042 | 974 |
| H14.05.11 | | 20,000 | 16 | | 18% | 1,594 | 0 | 17,432 | 184,610 | 0 |
| H14.06.15 | | 20,000 | 35 | | 18% | 3,186 | 0 | 16,814 | 167,796 | 0 |
| H14.07.13 | | 20,000 | 28 | | 18% | 2,316 | 0 | 17,684 | 150,112 | 0 |
| H14.08.12 | | 20,000 | 30 | | 18% | 2,220 | 0 | 17,780 | 132,332 | 0 |
| H14.09.13 | | 20,000 | 32 | | 18% | 2,088 | 0 | 17,912 | 114,420 | 0 |
| H14.10.15 | | 20,000 | 32 | | 18% | 1,805 | 0 | 18,195 | 96,225 | 0 |
| H14.11.12 | | 20,000 | 28 | | 18% | 1,328 | 0 | 18,672 | 77,553 | 0 |
| H14.12.05 | 10,000 | | 23 | | 18% | 879 | 0 | 0 | 87,553 | 879 |
| H14.12.15 | | 20,000 | 10 | | 18% | 431 | 0 | 18,690 | 68,863 | 0 |
| H14.12.25 | 20,000 | | 10 | | 18% | 339 | 0 | 0 | 88,863 | 339 |
| H15.01.12 | | 20,000 | 18 | | 18% | 788 | 0 | 18,873 | 69,990 | 0 |
| H15.02.13 | | 20,000 | 32 | | 18% | 1,104 | 0 | 18,896 | 51,094 | 0 |
| H15.02.22 | 20,000 | | 9 | | 18% | 226 | 0 | 0 | 71,094 | 226 |
| H15.03.12 | | 20,000 | 18 | | 18% | 631 | 0 | 19,143 | 51,951 | 0 |
| H15.04.12 | | 20,000 | 31 | | 18% | 794 | 0 | 19,206 | 32,745 | 0 |
| H15.04.20 | 250,000 | | 8 | | 18% | 129 | 0 | 0 | 282,745 | 129 |
| H15.05.12 | | 20,000 | 22 | | 18% | 3,067 | 0 | 16,804 | 265,941 | 0 |
| H15.07.24 | | 0 | 73 | | 18% | 9,573 | 0 | 0 | 265,941 | 9,573 |
| | 650,000 | 440,000 | | | | | | | | |

なお、藤原さんは、調停申立直前の平成15年4月20日に25万円借りたため、表のような計算結果となっていますが、もし、25万円借りていなければ、完済に近い状況だと考えられます。

## 【資料８】クレジット・サラ金相談票

クレジット・サラ金相談票

| 相談日　平成　　年　　月　　日 | 担当<br>相談員 | 相談<br>地区 |
|---|---|---|
| 相談者 | 氏名<br>連絡先 | |
| ○○の相談<br>です。 | 1. 本人　　　　2. 配偶者　　　　3. 親　　　　4. 子<br>5. その他（　　　　　　　　　　　　　　　　　） | |
| ① この<br>相談会をど<br>こで知りま<br>したか？ | 1. 新聞（　　　　　　　　　）　2. 司法書士会（　　　　　　　　）<br>3. 市役所等（　　　　　　　　）　4. 県民局（　　　　　　　　　　）<br>5. 消費者センター（　　　　）　6. 裁判所（　　　　　　　　　　）<br>7. 友人、知人　　　　　　　　　8. その他（　　　　　　　　　　） | |

◎　以下は、借金を負われている方に付いての質問です。

| ②<br>住　所 | 　　　　　　　市・郡　　　　　　　区<br>　　　　　　　　　　　　　　　　　町・村　　　　　　　　　　　<br>　　　　　　　　　　　　　　　番　　　　　　　号 |
|---|---|
| ③　年齢 | （　　　　）才　　1. 10代　　2. 20代　　3. 30代　　4. 40代<br>　　　　　　　　　5. 50代　　6. 60代　　7. 70代　　8. 80以上 |
| ④　性別 | 1.　男　　　　　　　2.　女 |
| ⑤借金の<br>主たる原因<br>（3つまで） | 1. 生活費　　　2. ギャンブル浪費等　　　3. 事業費<br>4. 住宅ローン　5. 保証人　　　6. 病気　　7. リストラ<br>8. 災害　　　　9. 債務の相続　10. その他（　　　　　　　） |
| ⑥<br>職　業 | 1. 会社員　　2. 自営（建築、飲食、　　　　　）　3. 主婦<br>4. パート　5. フリーター　6. 生活保護　7. 年金生活<br>8. 無職　　9. その他（具体的に　　　　　　　　　　　　　） |
| ⑦<br>収　入 | ☆ 本人（約　　　　　　　円）・同居の親族等（　　　　　・約　　　　　　円）<br>1. 5万円未満（　　　　　　円）　2. 5万～10万（　　　　　　円）<br>3. 10万～15万（　　　　　　円）　4. 15万～20万（　　　　　　円）<br>5. 20万～25万（　　　　　　円）　6. 25万～30万（　　　　　　円）<br>7. 30万～35万（　　　　　　円）　8. 35万～40万円（　　　　　円）<br>9. 40万以上（　　　　　　円） |
| ⑧<br>借入先 | 借入先総数（　　　）社<br>1. 1～5社　　2. 6～10社　　3. 11～15社　　4. 16～20社<br>5. 21～25社　6. 26～30社　　7. 31社以上 |
| ⑨<br>借入残額 | ☆ 借入残額　（約金　　　　　　　　　円）　□住宅ローン除く<br>1. 100万円未満　　2. 100万～200万未満　3. 200万～300万未満<br>4. 300万～400万未満　5. 400万～500万未満　6. 500万～1000万未満<br>7. 1000万～2000万未満　8. 2000万～3000万以下<br>9. 3000万超　　　　※住宅ローン残債　約（　　　　　　）万円 |
| 相談員が記入<br>⑩　方　針 | 1. 破産　　2. 再生　　3. 調停　　4. 過払い<br>5. 時効　　6. その他（　　　　　　　　　　　　　　　　） |

| 家　計　状　況 | | | | 資　産　状　況 | | 予想査定額等 |
|---|---|---|---|---|---|---|
| 収入 | 本　人（　　） | | | 不動産 | 有・無 | |
| | 同居者（　　） | | | 自家用車 | 有・無 | |
| | | | | 敷金返戻金 | 有・無 | |
| | 合　　計 | 金　　　　円 | | 退　職　金 | 有・無 | |
| 支出 | 家賃・住宅ローン | | | 生命保険払戻金 | 有・無 | |
| | 食　　費 | | | そ　の　他 | 有・無 | |
| | 光　熱　費 | | | | | |
| | その他 | | | | | |
| | 合　　計 | 金　　　　円 | | | | |
| 収入 − 支出 ＝ 金　　　　円 | | | | | | |

| | 債権者 | 最初の借入 | 毎月の返済額 | 残　額 | 保証人の有無 | 備　考 |
|---|---|---|---|---|---|---|
| 1 | | S.H　年　月　日 | | | 有・無 | |
| 2 | | S.H　年　月　日 | | | 有・無 | |
| 3 | | S.H　年　月　日 | | | 有・無 | |
| 4 | | S.H　年　月　日 | | | 有・無 | |
| 5 | | S.H　年　月　日 | | | 有・無 | |
| 6 | | S.H　年　月　日 | | | 有・無 | |
| 7 | | S.H　年　月　日 | | | 有・無 | |
| 8 | | S.H　年　月　日 | | | 有・無 | |
| 9 | | S.H　年　月　日 | | | 有・無 | |
| 10 | | S.H　年　月　日 | | | 有・無 | |
| 11 | | S.H　年　月　日 | | | 有・無 | |
| 12 | | S.H　年　月　日 | | | 有・無 | |
| | 合　　　　計 | | | | | |

□債権者一覧等裏面にも記載

| 特記事項 | |
|---|---|
| | |

1. 担当相談員が受託　　　2. 司法書士(会)（　　　　　　　）を紹介
3. 弁護士（会）を紹介　　4. 被害者の会（　　　　　　　）を紹介
5. 相談のみ　　　　　　　6. その他（　　　　　　　　　　　）

## 【資料９】特定調停申立書（記載例）

| | 特　定　調　停　申　立　書 |
|---|---|
| | 平成　15年　5月18日 |

加古川　簡易裁判所御中

特定調停手続により調停を行うことを求めます。

| 申立人 | 住所（〒677-0015）　西脇市西脇○番地の○<br>（フリガナ）　ふじわら　しのぶ<br>氏名　藤原　忍　　　　　印　（TEL0795-22-0000）<br>　　　　　　　　　　　　　　　（FAX　　　　　）<br>生年月日　昭　年　月　日 |
|---|---|
| 相手方 | 住所（法人の場合は本店）（〒102-0071）<br>東京都千代田区富士見一丁目○番○号<br>氏名（法人の場合は会社名・代表者名）（TEL03-0000-0000）<br>　D株式会社　　　　　　　（FAX　　　　　）<br>代表者代表取締役　武田　保雄<br>（支店・営業所の所在地）（〒675-0065）<br>加古川市加古川町篠原町１番23号（TEL0794-21-0000）<br>　D株式会社　加古川支店　（FAX　　　　　） |
| 申立ての趣旨 | （該当の項目に○を付けてください。）<br>① 債務額を確定したうえ債務支払方法を協定したい。<br>２ 紛争の要点２の債務を負っていないことを確認する。 |

| 受付印<br>（加古川簡易裁判所受付 15.5.18） | 調停事項の価額　　　　　円<br>手　数　料　　　　　　円 | 収入印紙<br>500円<br>（一般個人用） |
|---|---|---|
| | ちょう用印紙　　　　　円<br>予納郵便切手　　　　　円 | 印 |

← これが受付印（本書17頁＊8を参照）

紛争の要点

1 債務の種類
- ☐ 借受金債務
- ☐ 保証債務(借受人氏名　　　　　　)
- ☐ 立替金
- ☐ 求償金
- ☐ その他

2 借受金額等

| 契約日 | 借受金額 | 利息 年　% | 損害金 年　% | 備考 |
|---|---|---|---|---|
| 平成13年7月頃 | 300,000円 | 29.2 | 29.2 | |
| | | | | |
| | | | | |

最初に借りた分です。後の借り増し分はよくわかりません。

3 返済状況

| 期間 | 返済した金額 | 残元本 | 利息・損害金の残額 | 備考 |
|---|---|---|---|---|
| | | 320,000円 | 0 | |

現在、これくらいだったと思います。

添付書類

　　　☐契約書(写)　　☐領収書(写)
　　　☐その他

## 【資料10】可処分所得の具体例

　　　家族構成　本人，妻，子（児童）　　給与生活者

1　収入（所得：手取額）
　①　給与（本人）　　　　　　月額30万円
　②　パート（妻）　　　　　　月額6万円
　③　児童手当　　　　　　　　月額1万円
　　　　　　　　　　　　　　　小計37万円……（A）
2　支出（生活費等）
　①　家賃　　　　　　　　　　月額10万円
　②　食費　　　　　　　　　　月額7万円
　③　被服費　　　　　　　　　月額1万円
　④　水道光熱費　　　　　　　月額1万円
　⑤　教育費　　　　　　　　　月額1万円
　⑥　交通費　　　　　　　　　月額1万円
　⑦　新聞テレビ通信費　　　　月額1万円
　⑧　医療費　　　　　　　　　月額5000円
　⑨　その他　　　　　　　　　月額1万5000円
　　　　　　　　　　　　　　　小計24万円……（B）
3　可処分所得
　（A）－（B）＝可処分所得13万円（C）

# 【資料11】特定調停チェックシート

1 申立書□
   ① 当事者の特定
      □申立人
      □相手方（関係者一覧表）
      □利害関係人
   ② 債務の内容
      □当初借入日
      □連帯保証人
   ③ 特定債務者
      □破産状態　□である　□でない　不明
      □充分払える状態　□である　□でない　□不明
   ④ 原資
      □収入（所得（月額　　　万円）
      □生活費（月額　　　万円）
      □可処分所得（原資）（月額　　　万円）……（A）
   ⑤ 債務額……（B）
   ⑥ 原資率
            （A）÷（B）≒（C）％　（2〜3％ならOK!!）
      □**充分OK**
      □**何とか可能か**
      □**ほぼ困難**
      □**特定調停見込みなし**

2 添付資料
   ① □借金の契約書　□領収書　□償還一覧表　□催告書　□公正証書
      □支払い督促命令　□判決
   ② 給与所得者等
      □給与証明等
      □給与　年金分かる書類
   ③ 自営業者
      □申告書控え　□帳簿　□貸借対照表　□損益計算書　□試算表
      □資金繰り表　（少なくとも1年分）
   ④ □預金通帳（所得や生活費）
   ⑤ □所有する不動産の登記簿謄本

## 【資料12】貸金業者に対する金利規制の強化の経緯

　業者が金を貸すときには、法律上制限があることは、すでに8章「借金の問題は法律問題だ！」で説明しました。ここでは、現在までの金利規制を図を使って再度説明します。

　業者が金を貸すときの契約の上限金利は、元金によってグラフの下の20%、18%、15%となります。借金した側は、それを超える利息を支払う義務はありません。

　また、29.2%を超える利率で金を貸した業者は、出資法5条違反で、5年以下の懲役もしくは1000万円以下の罰金、またはこれら両方で処罰されます。

　29.2%という規制は、以前は109.5%でしたが、サラ金が社会的に問題になってきたこともあり、徐々に下げられて来たのです。

　図は、沖縄県司法書士会桃原用仲会員のHP（http://www.ii-okinawa.ne.jp/people/tobaru/sub4-3.html）から引用

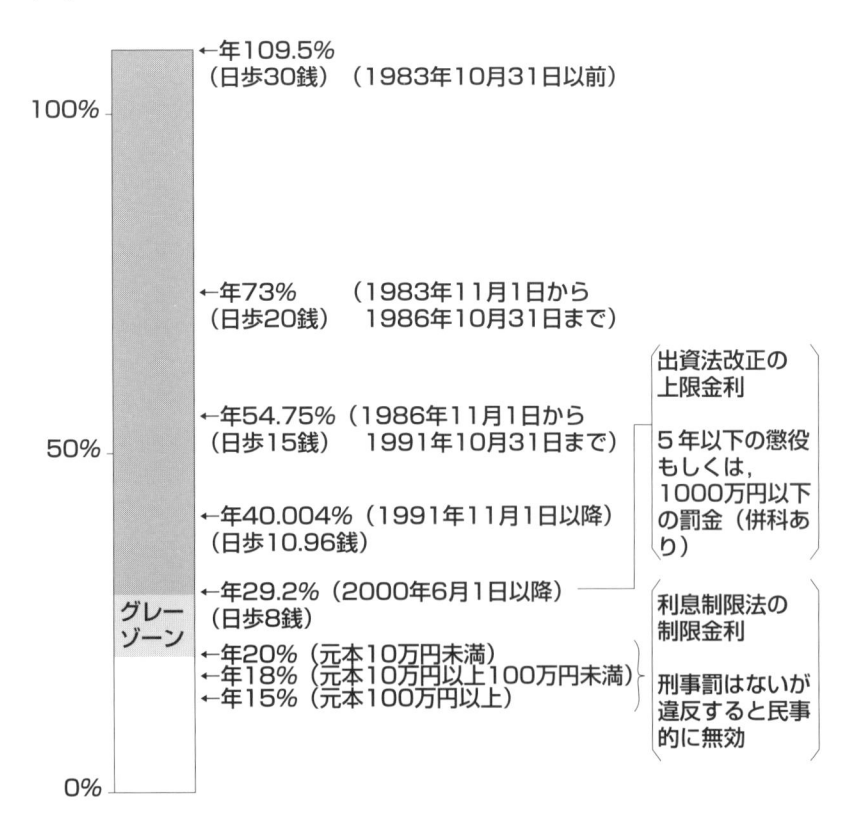

```
100% ─┤  ←年109.5%
      │   （日歩30銭）（1983年10月31日以前）
      │
      │  ←年73%　　（1983年11月1日から
      │   （日歩20銭）　1986年10月31日まで）
      │
      │  ←年54.75%（1986年11月1日から      ┐ 出資法改正の
 50% ─┤   （日歩15銭）　1991年10月31日まで） │ 上限金利
      │                                    │
      │  ←年40.004%（1991年11月1日以降）     │ 5年以下の懲役
      │   （日歩10.96銭）                    │ もしくは、
      │                                    │ 1000万円以下
      │  ←年29.2%（2000年6月1日以降）        │ の罰金（併科あり）
      │   （日歩8銭）                       ┘
      │  ←年20%（元本10万円未満）           ┐ 利息制限法の
      │  ←年18%（元本10万円以上100万円未満）│ 制限金利
      │  ←年15%（元本100万円以上）          │ 刑事罰はないが
      │ グレーゾーン                        │ 違反すると民事
  0% ─┤                                    ┘ 的に無効
```

## 【資料A】小冊子

●特定調停（サラ金調停）の申立てをお考えのあなたに

1 特定調停とは，

　金融業者（サラ金業者）から金銭を借り入れたり，信販会社からカードを使って物品を購入したりしたが，何らかの事情で約束通りに支払っていくことができない場合に，これらの業者に対し，返済期限を延ばして欲しいとか，返済方法を一括払いから分割払いにして欲しいといったような話し合いをするものです。

　<u>この特定調停という手続は，返済を続けていくということが前提になっています。</u>従って，あなたの収入や資産から考えて返済を続けていくことが不可能な場合にはこの手続は向きません。破産手続等をお考えいただくことになります。あなた自身で判断がつかない場合は，お住まいになっておられる所の市役所や区役所等の無料法律相談を利用されて，ご相談されるのも1つの方法です。無料法律相談については，市役所や区役所におたずねください。

2 どの裁判所に特定調停を申し立てるのか（「管轄裁判所」といいます）

　原則として，あなたが借りたお店（営業所）や督促状がきている営業所の所在地がある簡易裁判所に申立てていただくことになります。

　相手方（業者）がたくさんある場合は，相手方の営業所が最も多くある所在地の簡易裁判所に申立てをしてください。例えば，加古川市内の営業所が5カ所で，姫路市内の営業所が4カ所の場合は，加古川簡易裁判所に申立てをしてください。

3 特定調停手続の流れ

(1) 特定調停の申立があると，裁判所（調停委員会）は，まずあなたを呼びだして生活状況や収入，今後の返済方針などについて尋ねたうえ，どれ位の金額を返済にあてることができるか等を検討していきます。<u>そのときには，借入や返済の資料（申立時に提出した資料や，銀行振</u>

り込みで返済している場合にはその記載のある通帳等）を，業者ごとに分けて，全て持ってきてください。**

その後に，相手方（業者）を呼び出してその意向を聴き，話し合いを進めます。そして，残っている債務を，どのように支払っていくことが経済的に合理的かについて双方の意見を調整していきます。
(2)　話し合いがまとまれば，合意した内容について「調停調書」を作成します。また，話し合いが完全にまとまらなくても，裁判所が合理的だと考える裁判（「調停に代わる決定」）をすることもあります（ただし，この裁判は，相手方が異議の申し立てをすれば効力を失い，裁判がなかったのと同様のことになります）。
(3)　特定調停が成立したり，調停に代わる決定が確定したりした場合は，その内容通りに返済していくことになります。もし返済できない場合には，相手方（業者）は調停調書や決定書に基づいて，あなたの財産に対し強制執行ができるようになります。

強制執行とは，債権者が，裁判所を通じて，債務者の財産を差し押さえて，強制的に債権の回収を図る手続です。例えば，あなたの給料や家財道具を差し押さえたりすることができます。
(4)　しかし，そもそもあなたにわずかな収入しかない場合や継続的な収入のない場合，相手方が調停に応じないなど話し合いの余地のない場合，あるいはあなたが調停期日に出て来なかった場合などには，調停の成立する見込みがないということで，調停を打ち切ることもあります。

## 4　特定調停を申し立てるには

(1)　まず，今日お渡しした「特定債務者の資料等」と「関係権利者一覧表」を，記載例を参考に，漏れがないように記入してください。

「関係権利者一覧表」に記載する事項は，あなたが調べて正確に記入してください。裁判所があなたに代わって調べることはできません。
(2)　保証人のある借り受けについては，保証人の方と相談されて，調停申立を保証人の方と併せてすることを考えてください。
(3)　**申立は必ず本人が窓口に来てしてください。**弁護士や認定司法書士

以外の方が，本人や保証人の代理で手続をすることはできません。
(4) 相手方（業者）が，会社の場合は登記事項証明書（現在事項全部証明書）または商業登記簿謄本を提出していただく必要がある場合があります。必要があるかどうかは窓口で確認してください（電話での問い合わせには応じていません）。

　なお，登記事項証明書は，会社の本店や支店が登記されている法務局で取ることができます。どの法務局で取ればいいか分からない場合は，会社名，本店所在地等を調べた上，○○法務局（電話○○○-○○○○）でお尋ねください。
(5) 資料を提出することはあなたの義務です。資料の提出がないと調停はスムーズに進みません。
**次に記載する資料を，申立時にそろえて窓口までお越しください。**
- **家計全体の収入証明書**
　（給与所得者の方は，給与明細書または収入証明書を最近3ヶ月分）
　（商売をされている方は，最近の確定申告書控え，貸借対照表あるいは貸借対照表に代わる最近1年分の帳簿）
- **借入当初からの金銭消費貸借契約書（借用書）**
- **最も新しい請求書（または督促状）**
- **領収書（最も新しい分と最も古い分）**
- **裁判所から届いている書類（支払督促，訴状副本等）や公正証書の，原本とコピー（A4判）をお持ちください（コピーは相手方ごとに分けてしてください）。**
- **不動産を所有されている方は，3ヶ月以内の不動産登記簿謄本が必要です。**
- **申立費用は，相手方1社ごとに1000円程度が必要になります。**

申立時には，印鑑（認め印・但しシャチハタ不可）をお持ちください。
(6) 今日お渡しした「特定債務者の資料等」と「関係権利者一覧表」は，**調停申立書ではありません。**

必要な資料をそろえたうえで，窓口で調停申立書を作成していくことになります。相手方（業者）の数の多い少ないに応じて調停申立書の作成に要する時間が異なってきます（2～3時間は必要です）。

午後は窓口が非常に混雑しますので，その日のうちに受付が済まないこともあります。**申立はなるべく午前中にしてください。**

(7)　調停を申し立てようとしている方に近づき，資格がないのに申立書類を作成してあげると言って法外な報酬を要求する者がいるという情報があります。報酬を得て裁判所に提出する書類の作成ができるのは，弁護士と司法書士に限られていますので，ご注意ください。

## 【資料B】照会（回答）書

【平成　年（特ノ）第　　号】　申立人
　　　　　　　　　　　　　　　　　○○簡易裁判所　調停　係
　　　　　　　　　殿　　　TEL　06-○○○○-○○○○（内線○○○○）
　　　　　　　　　　　　　FAX　06-○○○○-○○○○

　上記申立人（債務者）から、貴社（殿）に対し債務の支払猶予を求める特定調停の申立がありました。この調停を円滑・迅速に進めたいので、下記の事項について記入（必要に応じて○印・レ印）の上、返送してください。
（返送期限：本照会書受領の日から２週間以内、必着）
　なお、本書とともに次の資料を提出してください(特定調停法第12条参照)。
◎　基本契約書の写し
◎　計算書（利息、損害金とも利息制限法第１条の制限利率内により引き直したもの）
注①　貸金額が10万円以上100万円未満の場合は年18パーセント
　　　（約定利率が制限利率より低い場合はその約定利率）
　②　計算書は、最初に取引を開始したときからの取引経過を明らかにした計算書を末記の書式を参考にして作成してください。

```
Ⅰ　本件担当者名　　　（所属：　　　□本店．□支店．□　　　）
Ⅱ　連絡先（送達場所）
　　（〒　　－　　）
　◆　TEL．（　　）　－　　　　　（内線　　　　）
　◆　FAX　（　　）　－
Ⅲ　貸金業者登録：□無　□有　［登録番号：　（　）第　　号］
　　［本店所在地：　　　　　　　　　　　　　　　　　　　　　］
　　［代表者氏名：　　　　　　　　　　　］
Ⅳ　貴社（殿）が希望する分割支払条件等について
　　□最低月額　：金　　　　円　　□最高支払回数：　　回
　　□支払開始日：平成　年　月から　□その他：
　　□弁済金振込預金口座：　　銀行　　支店（普通・当座）預金口座
　　（口座番号　　　）（口座名義人　　　　　　　）
```

1　契約年月日：S・H　　年　　月　　日　　カード名：＿＿＿＿＿＿＿＿＿＿．
　　契約名称　：＿＿＿＿＿＿＿＿＿＿＿　会員番号：＿＿＿＿＿＿＿＿＿＿．
　　利用形態　：□貸金（キャッシング）　　□立替金（割賦販売・ショッピング）
　　　　　　　　□求償金（貸金・立替金）　□その他（　　　　　　　　　　）

2　連帯保証人：□無　□有（保証人名：＿＿＿＿＿＿＿＿＿＿＿＿）

3　一番最初の貸付：S・H　　年　　月　　日、　貸付金額　金＿＿＿＿＿＿円

4　契約内容

　　弁済期　：（初回支払期日）S・H　　年　　月　　日
　　　　　　　（最終支払期日）S・H　　年　　月　　日
　　支払方法：□毎月＿＿日払い、　□＿＿日ごと払い、　□一括払い
　　　　　　　□その他（＿＿＿＿＿＿＿＿＿＿＿＿＿＿＿＿＿）
　　支払金額：□元利均等＿＿＿＿＿＿＿＿円×＿＿＿＿＿＿回払い
　　　　　　　□その他（＿＿＿＿＿＿＿＿＿＿＿＿＿＿＿＿＿）
　　利率・実質年率＿＿＿＿＿％　　損害金・実質年率＿＿＿＿＿％
　　保証委託契約：□無　□有（保証会社名：＿＿＿＿＿＿＿＿＿＿）
　　代位弁済：□無　□有（平成　年　月　日）、□予定（平成　年　月　日頃）
　　債権譲渡：□無　□有（譲渡人：＿＿＿＿＿＿＿＿＿＿＿＿＿＿）

5　残債務合計額　金＿＿＿＿＿＿円（平成＿＿年＿＿月＿＿日現在）
　　　　　　　　　a　残元金＿＿＿＿＿＿＿＿＿＿円
　　　　　内訳　Ⅰ　利息金＿＿＿＿＿＿＿＿＿＿円
　　　　　　　　ⅰ　損害金＿＿＿＿＿＿＿＿＿＿円

計　算　書（別紙として作成添付してください）

| 年月日 | 貸付額 | 入金額 | 経過日数 | 利率 | 利息等充当額 | 元金充当額 | 残　元　金 | 未収利息等 |
|---|---|---|---|---|---|---|---|---|
| | | | | 18 | | | | |
| | | | | 18 | | | | |

平成　年　月　日　現在

| 債権の種類 | 債権額 | 債権の内容及び原因 |
|---|---|---|
| 約束手形金 | 円 | 別紙手形目録記載の約束手形の所持人である |
| 為替手形金 | 円 | 別紙手形目録記載の為替手形の所持人である |
| 売掛金 | 円 | 平成　年　月　日から平成　年　月　日までの間に申立人に売り渡した　　　の代金　□取引明細は別紙の通り |
| 貸付金 | 残元金　円<br><br>未払利息　円<br><br>未払損害金　円 | 平成　年　月　日付　　　契約に基づき，平成　年月　日（□から平成　年　月　日までの間）に金　　円を，（□毎月　日払い，□毎日払い，□一括払い，□その他　　），利息年　％，遅延損害金　％で貸し渡したことによる右記載の残金<br>（□連帯保証人に対する請求，主債務者は　　　　）<br>（利息制限法内で1枚目の2の趣旨に沿った金額で記載下さい） |
| 立替金 | 残元金　円<br><br>未払損害金　円 | 平成　年　月　日　　契約に基づき，平成　年　月　日（□から平成　年　月　日までの間）に金　　円を，申立人に立て替えて支払ったことによる右記載の残金<br>（□連帯保証人に対する請求，主債務者は　　　　　） |
| 求償金 | 残元金　円<br><br>未払損害金　円 | 平成　年　月　日付保証委託契約に基づき，　　に平成　年　月　日金　　円を代位弁済したことによる求償金の残金<br>（□連帯保証人に対する請求，主債務者は　　　　　） |
| 代金 | | 平成　年　月　日から平成　年　月　日までの間の　　による　　代金　　円の残金 |
| 別除権の有無 | | □抵当権（順位　番），□根抵当権（順位　番），□所有権留保<br>□その他（具体的に　　　　　　　　　　　　　　　　　） |

その他：（本件債務者に関する情報、その他、何かあればお書きください。）

## 【資料C】特定債務者の資料等（①個人用）

　　　　　　　　　　　　　　　　　　　（氏名　　　　　　　　　）

1　申立人の資産等
　(1)　資産
　　　　①　不動産（有・無）　（所在地を記入してください）

　　　　②　預金（有・無）　（金融機関名，金額を記入してください）

　　　　③　保険（有・無）　（保険会社名，種類を記入してください）

　　　　④　自動車（有・無）　（年式，車種を記入してください）

　　　　⑤　その他の財産状況

　(2)　負債（合計　　　社　　　万円）
　　　　①　別紙関係権利者一覧表記載のとおり
　　　　②　家賃，税金等の滞納状況
　(3)　上記借入金は，主に何に使ったのですか。
　　　　イ　生活費　ロ　事業資金　ハ　利息支払い　ニ　ギャンブル
　　　　ホ　遊興費　ヘ　レジャー費　ト　その他（　　　　）

2　申立人の収支，生活状況
　(1)　あなたは，現在，働いていますか。
　　　　イ　働いていない。
　　　　　　□年金（毎月　　　万円）　□生活保護（毎月　　　万円）　□その他
　　　　ロ　働いている（□正社員　□アルバイト・パート　□自営業
　　　　　　　　　　　　□その他　　　　　　　　　）
　　　　　　1ヶ月の収入（手取り）　約＿＿＿＿万円
　　　　　　ボーナス　□ある（夏　約　　　万円，冬　約　　　万円）
　　　　　　　　　　　□なし
　　　　　　勤務先の名称（　　　　　　　　　　）
　　　　　　勤務先の電話番号（　　　－　　　－　　　）
　(2)　希望する調停条項案の概要
　　　　あなたは借入金をどのようにして返済したいですか。
　　　　　　イ　一括払い（□自己資金で　　□親族等からの援助で）
　　　　　　ロ　分割払い（1ヶ月　約　　　万円）

(3) 家族の状況

| 氏　　　名 | 続柄 | 年齢 | 職　業 | 月収（手取り） | 同居・別居 |
|---|---|---|---|---|---|
| | | | | | 同・別 |
| | | | | | 同・別 |
| | | | | | 同・別 |
| | | | | | 同・別 |

(4) 家計表（月額）

| 収　　入 | | 支　　出 | |
|---|---|---|---|
| 費　目 | 金額（円） | 費　目 | 金額（円） |
| 給料（本人） | | 家賃 | |
| （配偶者） | | 住宅ローン | |
| （　　） | | 食費 | |
| （　　） | | 光熱費・水道代 | |
| 自営による収入 | | 電話代 | |
| 年金（本人） | | 保険代 | |
| （配偶者） | | 医療費 | |
| （　　） | | 教育費 | |
| 児童手当 | | 交通費 | |
| 生活保護費 | | 被服費 | |
| その他 | | 新聞代等 | |
| | | 駐車場代 | |
| | | 申立以外の返済 | |
| | | | |
| | | | |
| 合計 | | 合計 | |

※月々の支払可能額の計算
　　収　入　合　計　－　支　出　合　計　＝　　　　　　　円

(5) 現在の支払状況
　　本件　　　　　　　　　　円
　　本件以外（本人分）　　　　円・（家族分）　　　　円

3　本件申立時に明らかにできない、あるいは提出できない資料等について
（その理由）

（明らかにできる時期，あるいは提出できる時期）

## 特定債務者の資料等（②事業者用）

1 申立人の資産等
　（1）資産・その他の財産状況　　　別紙のとおり
　（2）負債・その他の負債の状況　　別紙のとおり

2 申立人の事業の概要等
　（1）申立人の事業の概要
　　①事業の内容，規模
　　　　業種　　　　（　　　　　　　）
　　　　商号，屋号　（　　　　　　　）
　　　　年商　　　　（約　　　万円）

　　②損益，資金繰りその他の事業の状況　　☐別紙損益計算書のとおり
　　　　　　　　　　　　　　　　　　　　　☐別紙資金繰り表のとおり
　　　　　　　　　　　　　　　　　　　　　☐別紙決算書記載のとおり

　（2）現在の支払状況
　　　　本件　　　　　　　　円
　　　　本件以外　　　　　　円

3 関係権利者との交渉の経過
　（1）本件

　（2）本件以外の権利者との交渉の経過

4 申立人が希望する調停条項案の概要

5 (この項目は，申立人が法人のときにのみ記入する)
　① 従業者の過半数で組織する労働組合の名称
　　（　　　　　　　　　　　　　）
　② 上記の労働組合がない場合は，使用人その他の従業者の過半数を
　　代表する者の氏名・連絡先
　　（　　　　　　　　　　　　　）
　③ 上記①，②に該当しないときは，この調停について意見を求める
　　につき，適当と認める従業者の氏名・連絡先
（　　　　　　　　　　　　　）

6　本件申立時に，申立人が明らかにできない，あるいは提出できない
　資料等について
　（その理由）


　（明らかにできる時期，あるいは提出できる時期）

## 申立人の資産状況

1　現金　　　　　　　　　　　　　　　　　　　〔有　無〕

　　　　金額（　　　　　　円）

2　預貯金（銀行以外の金融機関に対するものを含む）〔有　無〕

| 金融機関名 | 口座番号 | 残　高 |
|---|---|---|
|  |  | 円 |
|  |  | 円 |
|  |  | 円 |

3　貸付金　　　　　　　　　　　　　　　　　　〔有　無〕

| 債務者名 | 債権金額 | 回収の見込み |
|---|---|---|
|  | 円 | □有　□無 |
|  | 円 | □有　□無 |

4　売掛金等（事業により生じ，現在までに回収していない債権）

　　　　　　　　　　　　　　　　　　　　　　　〔有　無〕

| 相手の名前 | 金　額 | 回収の見込み |
|---|---|---|
|  |  | □有　□無 |
|  |  | □有　□無 |

5　不動産（土地と建物）　　　　　　　　　　　　〔有　無〕

　　　種類（土地・建物）　　所在地（　　　　）
　　　地番または家屋番号（　　　　　　　　）　時価（　　　円）
　　　登記された担保権の被担保債権残額（　　　　円）

6　自動車　　　　　　　　　　　　　　　　　　〔有　無〕

| 車　名 | 登録番号 | 時　価 |
|---|---|---|
|  |  | 円 |
|  |  | 円 |

7　その他動産（パソコン・備品等で10万円以上の価値があるもの）
〔有　無〕

| 品　　名 | 時　　価 |
|---|---|
|  | 円 |
|  | 円 |

8　その他（株券・会員権など，1～7以外の財産）　　　〔有　無〕

| 財産の内容 | 時　　価 |
|---|---|
|  | 円 |
|  | 円 |

## 【資料D】催告書

　　　　　　　　　催　告　書

　平成14年（特ノ）第123号事件（申立人山田花子、相手方東洋信販株式会社）については，下記のとおりであり，申立人にかかる取引開始時以降の貸付・弁済の詳細（以下，「取引履歴」という）及びそれに基づき利息制限法所定の利息の利率で引き直した計算書を平成15年1月20日までに提出されるよう催告します。

　また、今後とも取引履歴等の開示に当たっては裁判所から事実を指摘されてはじめて開示するのではなく、特調法の趣旨を尊重いただき誠実に当初からのものを開示するよう留意しこの旨を充分貴社社員に念達して下さい。

　なお、本催告書は念のため貴社本社及び大阪店に送付させていただいていることを申し添えます。


平成15年1月8日
東洋信販株式会社殿

　　　　　　　　　　　　　加古川簡易裁判所調停係
　　　　　　　　　　　　　　　裁判官　原田　貢二

　　　　　　　　　　記

　当裁判所からの取引当初よりの取引履歴及び計算書を提出されたい旨の要望に対し、（貴社名義の取引は遅くとも平成13年3月8日ころになされており、さらにその後平成13年7月6日付けで契約・借用証書の作成がなされているはずであるのに）平成14年7月9日から取引履歴を、貴社の担当社員の言によればこれが初回の取引であるとして開示するにとどまるのみならず、貴社の担当社員の平成14年12月19日における調停委員に対する説明によれば、新高キャッシュサービス株式会社（以下、「同社」という）のものについては債権譲渡を受けているのみでそれ以外のもの（関係書類をさすのか不当利得返還等の債務をさすのかは不明）は引き継いでいないとのことですが、当裁判所に判

明している限りでは、平成12年2月9日付けで貴社と同社との合併契約がなされ、平成12年4月1日に同社を貴社が吸収合併されてるはずで（なお、参考のために申し上げれば、同社の最後の貸付は平成12年3月1日ごろになされていますから、当然吸収合併後も返済が続けられ、申立人にかかるデータや関係書類等が引き継がれているものと思われます）、いずれにせよ貴社は到底誠実に事実関係を明らかにされていると思われません。

　以上のとおりですので，貴社及び同社と申立人との取引当初よりの取引履歴及び通算した計算書を提出して下さい。

以上

## 【資料E】業者に対する債務者の取引履歴の提出を命じた例

　　　　　　　　　　文書提出命令
　大阪市阿倍野区○○町１丁目22番33号　○○ビル２F
　　　　乙こと丙殿
　　　　　　平成15年２月20日
　　　　　　　　　　　　　加古川簡易裁判所調停委員会
　　　　　　　　　　　　　調停主任裁判官　原田貢二
　　　　　　　　　　　　　調　停　委　員　松本庄一
　　　　　　　　　　　　　調　停　委　員　大西照子

　申立人甲及び相手方乙こと丙間の平成14年（特ノ）第17000号債務支払猶予調停事件について，当調停委員会は，特定調停のために特に必要があると認めるので，特定債務等の調整の促進のための特定調停に関する法律第12条に基づき，平成15年３月15日までに，下記の文書を提出するよう求めます。

　なお，正当な理由なくこれに応じないときは，同法第24条に基づき，過料に処せられることがあります。

　　　　　　　　　　　　　記
　１　申立人に対する当初貸付（申立人の言によれば平成８年ころからの取引であるとのことであり，申立人提出の資料によれば，遅くとも平成11年７月ころと思われる）以降現在までの貸付年月日・貸付金額及び債務の弁済年月日・弁済金額など申立人相手方間の一切の取引経過を記載した書面
　２　上記取引経過をもとに利息制限法の限度内の利息の利率に引き直した計算書（ただし，損害金も利息と同率とするもの）

## 【資料F】計算書を出さない業者に対する過料制裁決定

決　　　　定

大阪市中央区○○町1丁目2番3号
　　　　　被　審　人　　　五月山商事こと
　　　　　　　　　　　　　山　田　太　郎

　上記被審人は、当裁判所平成15年（特ノ）第102号特定調停事件について、当裁判所調停委員会から平成15年○月○日付け文書提出命令により、同命令記載の文書の提出を命じられたにもかかわらず、提出期限である平成15年○月○日までに、正当な理由なく、所定の文書を提出しない。
　よって、当裁判所は、上記被審人に陳述の機会を与え、特定債務等の調整のための特定調停に関する法律24条により、次のとおり決定する。

主　　　　文
1　被審人を過料8万円に処する。
2　手続費用金○○円は、被審人の負担とする。

　平成15年○○月○○日
　　加古川簡易裁判所
　　　裁　判　官　　　原　田　貢　二

## 【資料G】多重債務調査表など

債務者

多 重 債 務 調 査 表

支払期限（毎月　日払り）
月山分　　円（　分・手持分　　円（　分）

| 事件番号 | 借受年月日・回数 | 債務者申出額 | 債権者申出額 | 利息制限法引直額 | 総債権額に対する | 当事者合意額 | 期日 | 備考 |
|---|---|---|---|---|---|---|---|---|
| 第　号<br>（　）<br>代理人 | 年　月　日<br>～<br>年　月　日<br>回<br>弁済額　　円<br>債権額　　円 | 年　月　日<br>円<br>円 | 年　月　日<br>円<br>円 | 月額（　％）<br>加算額（<br>月　月）<br>限度額　円 | 年　月～年　月<br>年　月～年　月<br>回<br>最終回<br>限度額 | | 番号 | 銀行　支店 |
| 第　号<br>（　）<br>代理人 | 年　月　日<br>～<br>年　月　日<br>回<br>弁済額　　円<br>債権額　　円 | 年　月　日<br>円<br>円 | 年　月　日<br>円<br>円 | 月額（　％）<br>加算額（<br>月　月）<br>限度額　円 | 年　月～年　月<br>年　月～年　月<br>回<br>最終回<br>限度額 | | 番号 | 銀行　支店 |
| 第　号<br>（　）<br>代理人 | 年　月　日<br>～<br>年　月　日<br>回<br>弁済額　　円<br>債権額　　円 | 年　月　日<br>円<br>円 | 年　月　日<br>円<br>円 | 月額（　％）<br>加算額（<br>月　月）<br>限度額　円 | 年　月～年　月<br>年　月～年　月<br>回<br>最終回<br>限度額 | | 番号 | 銀行　支店 |
| 第　号<br>（　）<br>代理人 | 年　月　日<br>～<br>年　月　日<br>回<br>弁済額　　円<br>債権額　　円 | 年　月　日<br>円<br>円 | 年　月　日<br>円<br>円 | 月額（　％）<br>加算額（<br>月　月）<br>限度額　円 | 年　月～年　月<br>年　月～年　月<br>回<br>最終回<br>限度額 | | 番号 | 銀行　支店 |
| 第　号<br>（　）<br>代理人 | 年　月　日<br>～<br>年　月　日<br>回<br>弁済額　　円<br>債権額　　円 | 年　月　日<br>円<br>円 | 年　月　日<br>円<br>円 | 月額（　％）<br>加算額（<br>月　月）<br>限度額　円 | 年　月～年　月<br>年　月～年　月<br>回<br>最終回<br>限度額 | | 番号 | 銀行　支店 |
| 第　号<br>（　）<br>代理人 | 年　月　日<br>～<br>年　月　日<br>回<br>弁済額　　円<br>債権額　　円 | 年　月　日<br>円<br>円 | 年　月　日<br>円<br>円 | 月額（　％）<br>加算額（<br>月　月）<br>限度額　円 | 年　月～年　月<br>年　月～年　月<br>回<br>最終回<br>限度額 | | 番号 | 銀行　支店 |
| 第　号<br>（　）<br>代理人 | 年　月　日<br>～<br>年　月　日<br>回<br>弁済額　　円<br>債権額　　円 | 年　月　日<br>円<br>円 | 年　月　日<br>円<br>円 | 月額（　％）<br>加算額（<br>月　月）<br>限度額　円 | 年　月～年　月<br>年　月～年　月<br>回<br>最終回<br>限度額 | | 番号 | 銀行　支店 |
| 第　号<br>（　）<br>代理人 | 年　月　日<br>～<br>年　月　日<br>回<br>弁済額　　円<br>債権額　　円 | 年　月　日<br>円<br>円 | 年　月　日<br>円<br>円 | 月額（　％）<br>加算額（<br>月　月）<br>限度額　円 | 年　月～年　月<br>年　月～年　月<br>回<br>最終回<br>限度額 | | 番号 | 銀行　支店 |
| 第　号<br>（　）<br>代理人 | 年　月　日<br>～<br>年　月　日<br>回<br>弁済額　　円<br>債権額　　円 | 年　月　日<br>円<br>円 | 年　月　日<br>円<br>円 | 月額（　％）<br>加算額（<br>月　月）<br>限度額　円 | 年　月～年　月<br>年　月～年　月<br>回<br>最終回<br>限度額 | | 番号 | 銀行　支店 |
| 第　号<br>（　）<br>代理人 | 年　月　日<br>～<br>年　月　日<br>回<br>弁済額　　円<br>債権額　　円 | 年　月　日<br>円<br>円 | 年　月　日<br>円<br>円 | 月額（　％）<br>加算額（<br>月　月）<br>限度額　円 | 年　月～年　月<br>年　月～年　月<br>回<br>最終回<br>限度額 | | 番号 | 銀行　支店 |
| 第　号<br>（　）<br>代理人 | 年　月　日<br>～<br>年　月　日<br>回<br>弁済額　　円<br>債権額　　円 | 年　月　日<br>円<br>円 | 年　月　日<br>円<br>円 | 月額（　％）<br>加算額（<br>月　月）<br>限度額　円 | 年　月～年　月<br>年　月～年　月<br>回<br>最終回<br>限度額 | | 番号 | 銀行　支店 |
| 第　号<br>（　）<br>代理人 | 年　月　日<br>～<br>年　月　日<br>回<br>弁済額　　円<br>債権額　　円 | 年　月　日<br>円<br>円 | 年　月　日<br>円<br>円 | 月額（　％）<br>加算額（<br>月　月）<br>限度額　円 | 年　月～年　月<br>年　月～年　月<br>回<br>最終回<br>限度額 | | 番号 | 銀行　支店 |
| 合　計 | 債権額　　円<br>弁済額　　円 | 円 | 円 | 円 | | | | |

## 計　算　用　紙

| 年月日 | 借受金額 | 元本、利息及び損害金の別 | 支払金額 | 利息制限法による利息等の計算 ||||| 法定充当額 | 残元本債務額 | 備考 |
| --- | --- | --- | --- | --- | --- | --- | --- | --- | --- | --- | --- |
| | | | | 利率 | 期間 ||| 利息等の金額 | | | |
| | | | | | 自年月日 | 至年月日 | 日数 | | | | |

# 特定調停法
（特定債務等の調整の促進のための特定調停に関する法律）

平成11年12月17日法律第158号
最終改正：平成15年7月25日法律第128号（一部未施行）

（目的）
第1条　この法律は、支払不能に陥るおそれのある債務者等の経済的再生に資するため、民事調停法（昭和26年法律第222号）の特例として特定調停の手続を定めることにより、このような債務者が負っている金銭債務に係る利害関係の調整を促進することを目的とする。

（定義）
第2条　この法律において「特定債務者」とは、金銭債務を負っている者であって、支払不能に陥るおそれのあるもの若しくは事業の継続に支障を来すことなく弁済期にある債務を弁済することが困難であるもの又は債務超過に陥るおそれのある法人をいう。

2　この法律において「特定債務等の調整」とは、特定債務者及びこれに対して金銭債権を有する者その他の利害関係人の間における金銭債務の内容の変更、担保関係の変更その他の金銭債務に係る利害関係の調整であって、当該特定債務者の経済的再生に資するためのものをいう。

3　この法律において「特定調停」とは、特定債務者が民事調停法第2条の規定により申し立てる特定債務等の調整に係る調停であって、当該調停の申立ての際に次条第1項の規定により特定調停手続により調停を行うことを求める旨の申述があったものをいう。

4　この法律において「関係権利者」とは、特定債務者に対して財産上の請求権を有する者及び特定債務者の財産の上に担保権を有する者をいう。

（特定調停手続）
第3条　特定債務者は、特定債務等の調整に係る調停の申立てをするときは、特定調停手続により調停を行うことを求めることができる。

2　特定調停手続により調停を行うことを求める旨の申述は、調停の申立ての際にしなければならない。

3　前項の申述をする申立人は、申立てと同時に（やむを得ない理由がある場合にあっては、申立ての後遅滞なく）、財産の状況を示すべき明細書その他特定債務者であることを明らかにする資料及び関係権利者の一覧表を提出しなければならない。

（移送等）
第4条　裁判所は、民事調停法第4条第1項ただし書の規定にかかわらず、その管轄に属しない特定調停に係る事件について申立てを受けた場合において、事件を処理するために適当であると認めるときは、土地管轄の規定にかかわらず、事件を他の管轄裁判所に移送し、又は自ら処理することができる。

第5条　簡易裁判所は、特定調停に係る事件がその管轄に属する場合においても、事件を処理するために相当で

あると認めるときは、申立てにより又は職権で、事件をその所在地を管轄する地方裁判所に移送することができる。
（併合）
第6条　同一の申立人に係る複数の特定調停に係る事件が同一の裁判所に各別に係属するときは、これらの事件に係る調停手続は、できる限り、併合して行わなければ
ならない。
（民事執行手続の停止）
第7条　特定調停に係る事件の係属する裁判所は、事件を特定調停によって解決することが相当であると認める場合において、特定調停の成立を不能にし若しくは著しく困難にするおそれがあるとき、又は特定調停の円滑な進行を妨げるおそれがあるときは、申立てにより、特定調停が終了するまでの間、担保を立てさせて、又は立てさせないで、特定調停の目的となった権利に関する民事執行の手続の停止を命ずることができる。ただし、給料、賃金、賞与、退職手当及び退職年金並びにこれらの性質を有する給与に係る債権に基づく民事執行の手続については、この限りでない。

2　前項の裁判所は、同項の規定により民事執行の手続の停止を命じた場合において、必要があると認めるときは、申立てにより、担保を立てさせて、又は立てさせないで、その続行を命ずることができる。

3　前2項の申立てをするには、その理由を疎明しなければならない。

4　民事訴訟法（平成8年法律第109号）第76条、第77条、第79条及び第80条の規定は、第1項及び第2項の担保について準用する。
（民事調停委員の指定）
第8条　裁判所は、特定調停を行う調停委員会を組織する民事調停委員として、事案の性質に応じて必要な法律、税務、金融、企業の財務、資産の評価等に関する専門的な知識経験を有する者を指定するものとする。
（関係権利者の参加）
第9条　特定調停の結果について利害関係を有する関係権利者が特定調停手続に参加する場合には、民事調停法第11条第1項の規定にかかわらず、調停委員会の許可を受けることを要しない。
（当事者の責務）
第10条　特定調停においては、当事者は、調停委員会に対し、債権又は債務の発生原因及び内容、弁済等による債権又は債務の内容の変更及び担保関係の変更等に関する事実を明らかにしなければならない。
（特定調停をしない場合）
第11条　特定調停においては、調停委員会は、民事調停法第13条に規定する場合のほか、申立人が特定債務者であるとは認められないとき、又は事件が性質上特定調停をするのに適当でないと認めるときは、特定調停をしないものとして、事件を終了させることができる。
（文書等の提出）
第12条　調停委員会は、特定調停のために特に必要があると認めるときは、当事者又は参加人に対し、事件に関係のある文書又は物件の提出を求めることができる。

（職権調査）
　第13条　調停委員会は、特定調停を行うに当たり、職権で、事実の調査及び必要であると認める証拠調べをすることができる。
（官庁等からの意見聴取）
　第14条　調停委員会は、特定調停のために必要があると認めるときは、官庁、公署その他適当であると認める者に対し、意見を求めることができる。
　2　調停委員会は、法人の申立てに係る事件について特定調停をしようとするときは、当該申立人の使用人その他の従業者の過半数で組織する労働組合があるときはその労働組合、当該申立人の使用人その他の従業者の過半数で組織する労働組合がないときは当該申立人の使用人その他の従業者の過半数を代表する者の意見を求めるものとする。
（調停委員会が提示する調停条項案）
　第15条　調停委員会が特定調停に係る事件の当事者に対し調停条項案を提示する場合には、当該調停条項案は、特定債務者の経済的再生に資するとの観点から、公正かつ妥当で経済的合理性を有する内容のものでなければならない。
（調停条項案の書面による受諾）
　第16条　特定調停に係る事件の当事者が遠隔の地に居住していることその他の事由により出頭することが困難であると認められる場合において、その当事者があらかじめ調停委員会から提示された調停条項案を受諾する旨の書面を提出し、他の当事者が期日に出頭してその調停条項案を受諾したときは、特定調停において当事者間に合意が成立したものとみなす。
（調停委員会が定める調停条項）
　第17条　特定調停においては、調停委員会は、当事者の共同の申立てがあるときは、事件の解決のために適当な調停条項を定めることができる。
　2　前項の調停条項は、特定債務者の経済的再生に資するとの観点から、公正かつ妥当で経済的合理性を有する内容のものでなければならない。
　3　第1項の申立ては、書面でしなければならない。この場合においては、その書面に同項の調停条項に服する旨を記載しなければならない。
　4　第1項の規定による調停条項の定めは、期日における告知その他相当と認める方法による告知によってする。
　5　当事者は、前項の告知前に限り、第1項の申立てを取り下げることができる。この場合においては、相手方の同意を得ることを要しない。
　6　第4項の告知が当事者双方にされたときは、特定調停において当事者間に合意が成立したものとみなす。
（特定調停の不成立）
　第18条　特定調停においては、調停委員会は、民事調停法第14条の規定にかかわらず、特定債務者の経済的再生に資するとの観点から、当事者間に公正かつ妥当で経済的合理性を有する内容の合意が成立する見込みがない場合又は成立した合意が公正かつ妥当で経済的合理性を有する内容のものであるとは認められない場合において、裁判所が同法第17条の決定をしないときは、特定調停が成立しないものとして、事件を終了させることができる。

2　民事調停法第19条の規定は、前項の規定により事件が終了した場合について準用する。
（裁判官の特定調停への準用）
第19条　第9条から前条までの規定は、裁判官だけで特定調停を行う場合について準用する。
（特定調停に代わる決定への準用）
第20条　第17条第2項の規定は、特定調停に係る事件に関し裁判所がする民事調停法第17条の決定について準用する。
（即時抗告）
第21条　第4条の規定による移送の裁判、第5条の規定による裁判、第7条第1項及び第2項の規定による裁判並びに第24条第1項の過料の裁判に対しては、その告知を受けた日から2週間の不変期間内に、即時抗告をすることができる。
2　第4条の規定による移送の裁判、第5条の規定による裁判及び第24条第1項の過料の裁判に対する即時抗告は、執行停止の効力を有する。
（民事調停法との関係）
第22条　特定調停については、この法律に定めるもののほか、民事調停法の定めるところによる。
（最高裁判所規則）
第23条　この法律に定めるもののほか、特定調停に関し必要な事項は、最高裁判所規則で定める。
（文書等の不提出に対する制裁）
第24条　当事者又は参加人が正当な理由なく第12条（第19条において準用する場合を含む。）の規定による文書又は物件の提出の要求に応じないときは、裁判所は、10万円以下の過料に処する。
2　民事調停法第36条の規定は、前項の過料の裁判について準用する。

　　　附　則　抄
（施行期日）
1　この法律は、公布の日から起算して2月を経過した日から施行する。

附則（平成15年7月25日法律第128号）抄
（施行期日）
第1条　この法律は、平成16年4月1日から施行する。ただし、次の各号に掲げる規定は、当該各号に定める日から施行する。
二　第3条（民事訴訟費用等に関する法律第4条第2項及び第7項の改正規定を除く。）及び第2章並びに附則第3条から第5条までの規定　平成16年1月1日

# 特定調停手続規則

平成12年1月20日　最高裁判所規則第2号

（特定調停の申立て・法第3条）
第1条　特定債務等の調整の促進のための特定調停に関する法律（平成11年法律第158号。以下「法」という。）第2条（定義）第3項の特定調停の申立人が事業を行っているときは、当該申立人は、申立てと同時に（やむを得ない理由がある場合にあっては、申立ての後遅滞なく）、関係権利者との交渉の経過及び申立人の希望する調停条項の概要を明らかにしなければならない。

2　特定調停の申立人が法人であるときは、当該申立人は、申立てと同時に（やむを得ない理由がある場合にあっては、申立ての後遅滞なく）、当該申立人の使用人その他の従業者の過半数で組織する労働組合があるときはその労働組合の名称、当該申立人の使用人その他の従業者の過半数で組織する労働組合がないときは当該申立人の使用人その他の従業者の過半数を代表する者の氏名を明らかにしなければならない。

（財産の状況を示すべき明細書等・法第3条）
第2条　法第3条（特定調停手続）第3項の財産の状況を示すべき明細書その他特定債務者であることを明らかにする資料には、次に掲げる事項を具体的に記載しなければならない。
一　申立人の資産、負債その他の財産の状況
二　申立人が事業を行っているときは、その事業の内容及び損益、資金繰りその他の事業の状況
三　申立人が個人であるときは、職業、収入その他の生活の状況

2　法第3条第3項の関係権利者の一覧表には、関係権利者の氏名又は名称及び住所並びにその有する債権又は担保権の発生原因及び内容を記載しなければならない。

（民事執行手続の停止・法第7条）
第3条　法第7条（民事執行手続の停止）第1項の申立ては、次に掲げる事項を明らかにし、かつ、その証拠書類を提出してしなければならない。
一　当該民事執行の手続の基礎となっている債権又は担保権の内容
二　前号の担保権によって担保される債権の内容
三　当該民事執行の手続の進行状況
四　特定債務等の調整に関する関係権利者の意向
五　調停が成立する見込み

2　特定調停に係る事件の係属する裁判所は、前項の申立てがあった場合において、必要があると認めるときは、当該民事執行の申立てをしている関係権利者を審尋することができる。

（相手方が提出すべき書面等・法第10条）
第4条　関係権利者である当事者及び参加人は、相当な期間（裁判所書記官が期間を定めて提出を催告したとき

は、その期間）内に、次に掲げる事項を記載した書面及びその証拠書類を提出しなければならない。

一　申立人に対する債権又は担保権の発生原因及び内容

二　前号の債権についての弁済、放棄等による内容の変更及び同号の担保権についての担保関係の変更

2　前項第二号に規定する弁済による債権の内容の変更を記載するときは、その算出の根拠及び過程を明らかにしなければならない。

（当事者に対する通知・法第11条等）

第5条　民事調停規則（昭和26年最高裁判所規則第8号）第25条（当事者に対する通知）の規定は、法第11条（特定調停をしない場合）又は第18条（特定調停の不成立）の規定により事件が終了した場合について準用する。

（文書の提出を求める場合の制裁の告知等・法第12条）

第6条　調停委員会は、法第12条（文書等の提出）の規定により文書又は物件の提出を求める場合には、同時に、その違反に対する法律上の制裁を告知しなければならない。

2　調停委員会は、必要があると認めるときは、法第12条の規定により提出された文書又は物件を裁判所に留め置くことができる。

（調停条項案の書面による受諾等・法第16条等）

第7条　民事訴訟規則（平成8年最高裁判所規則第5号）第163条（和解条項案の書面による受諾）の規定は法第16条（調停条項案の書面による受諾）の規定による調停条項案の提示及び受諾並びに同条の規定により当事者間に合意が成立したものとみなされる場合について、同規則第164条（裁判所等が定める和解条項）の規定は法第17条（調停委員会が定める調停条項）の規定により調停委員会が調停条項を定める場合について準用する。

（裁判官の特定調停への準用・法第19条）

第8条　第4条から前条まで（相手方が提出すべき書面等、当事者に対する通知、文書の提出を求める場合の制裁の告知等及び調停条項案の書面による受諾等）の規定は、裁判官だけで特定調停を行う場合について準用する。

（民事調停規則との関係・法第22条）

第9条　特定調停については、この規則に定めるもののほか、民事調停規則の定めるところによる。

　　附　　則

この規則は、法の施行の日（平成12年2月17日）から施行する。

# 民事調停法（抄）

昭和26年6月9日法律第222号
最終改正：平成15年7月25日法律第128号（一部未施行）

## 第1章　通則

（この法律の目的）

第1条　この法律は、民事に関する紛争につき、当事者の互譲により、条理にかない実情に即した解決を図ることを目的とする。

（調停事件）

第2条　民事に関して紛争を生じたときは、当事者は、裁判所に調停の申立をすることができる。

（管轄）

第3条　調停事件は、特別の定がある場合を除いて、相手方の住所、居所、営業所若しくは事務所の所在地を管轄する簡易裁判所又は当事者が合意で定める地方裁判所若しくは簡易裁判所の管轄とする。

（移送等）

第4条　裁判所は、その管轄に属しない事件について申立を受けた場合には、これを管轄権のある地方裁判所、家庭裁判所又は簡易裁判所に移送しなければならない。

但し、事件を処理するために特に必要があると認めるときは、土地管轄の規定にかかわらず、事件の全部又は一部を他の管轄裁判所に移送し、又はみずから処理することができる。

2　裁判所は、その管轄に属する事件について申立を受けた場合においても、事件を処理するために適当であると認めるときは、土地管轄の規定にかかわらず、事件の全部又は一部を他の管轄裁判所に移送することができる。

（調停機関）

第5条　裁判所は、調停委員会で調停を行う。但し、相当であると認めるときは、裁判官だけでこれを行うことができる。

2　裁判所は、当事者の申立があるときは、前項但書の規定にかかわらず、調停委員会で調停を行わなければならない。

（調停委員会の組織）

第6条　調停委員会は、調停主任1人及び民事調停委員2人以上で組織する。

（調停主任等の指定）

第7条　調停主任は、裁判官の中から、地方裁判所が指定する。

2　調停委員会を組織する民事調停委員は、裁判所が各事件について指定する。

（民事調停委員）

第8条　民事調停委員は、調停委員会で行う調停に関与するほか、裁判所の命を受けて、他の調停事件について、専門的な知識経験に基づく意見を述べ、嘱託に係る紛争の解決に関する事件の関係人の意見の聴取を行い、その他調停事件を処理するために必要な最高裁判所の定める事務を行う。

2　民事調停委員は、非常勤とし、

その任免に関して必要な事項は、最高裁判所が定める。
（手当等）
第9条　民事調停委員には、別に法律で定めるところにより手当を支給し、並びに最高裁判所の定めるところにより旅費、日当及び宿泊料を支給する。
第10条　削除
（利害関係人の参加）
第11条　調停の結果について利害関係を有する者は、調停委員会の許可を受けて、調停手続に参加することができる。
2　調停委員会は、相当であると認めるときは、調停の結果について利害関係を有する者を調停手続に参加させることができる。
（調停前の措置）
第12条　調停委員会は、調停のために特に必要があると認めるときは、当事者の申立により、調停前の措置として、相手方その他の事件の関係人に対して、現状の変更又は物の処分の禁止その他調停の内容たる事項の実現を不能にし又は著しく困難ならしめる行為の排除を命ずることができる。
2　前項の措置は、執行力を有しない。
（調停をしない場合）
第13条　調停委員会は、事件が性質上調停をするのに適当でないと認めるとき、又は当事者が不当な目的でみだりに調停の申立をしたと認めるときは、調停をしないものとして、事件を終了させることができる。
（調停の不成立）
第14条　調停委員会は、当事者間に合意が成立する見込がない場合又は成立した合意が相当でないと認める場合において、裁判所が第17条の決定をしないときは、調停が成立しないものとして、事件を終了させることができる。
（裁判官の調停への準用）
第15条　第11条から前条までの規定は、裁判官だけで調停を行う場合に準用する。
（調停の成立・効力）
第16条　調停において当事者間に合意が成立し、これを調書に記載したときは、調停が成立したものとし、その記載は、裁判上の和解と同一の効力を有する。
（調停に代わる決定）
第17条　裁判所は、調停委員会の調停が成立する見込みがない場合において相当であると認めるときは、当該調停委員会を組織する民事調停委員の意見を聴き、当事者双方のために衡平に考慮し、一切の事情を見て、職権で、当事者双方の申立ての趣旨に反しない限度で、事件の解決のために必要な決定をすることができる。この決定においては、金銭の支払、物の引渡しその他の財産上の給付を命ずることができる。
（異議の申立）
第18条　前条の決定に対しては、当事者又は利害関係人は、異議の申立をすることができる。その期間は、当事者が決定の告知を受けた日から2週間とする。
2　前項の期間内に異議の申立があつたときは、同項の決定は、その効力を失う。
3　第1項の期間内に異議の申立が

ないときは、同項の決定は、裁判上の和解と同一の効力を有する。
(調停不成立等の場合の訴の提起)
第19条　第14条(第15条において準用する場合を含む。)の規定により事件が終了し、又は前条第2項の規定により決定が効力を失つた場合において、申立人がその旨の通知を受けた日から2週間以内に調停の目的となつた請求について訴を提起したときは、調停の申立の時に、その訴の提起があつたものとみなす。
(受訴裁判所の調停)
第20条　受訴裁判所は、適当であると認めるときは、職権で、事件を調停に付した上、管轄裁判所に処理させ又はみずから処理することができる。但し、事件について争点及び証拠の整理が完了した後において、当事者の合意がない場合には、この限りでない。
2　前項の規定により事件を調停に付した場合において、調停が成立し又は第17条の決定が確定したときは、訴の取下があつたものとみなす。
3　第1項の規定により受訴裁判所がみずから調停により事件を処理する場合には、調停主任は、第7条第1項の規定にかかわらず、受訴裁判所がその裁判官の中から指定する。
(即時抗告)
第21条　調停手続における裁判に対しては、最高裁判所の定めるところにより、即時抗告をすることができる。その期間は、2週間とする。
(非訟事件手続法の準用)
第22条　特別の定がある場合を除いて、調停に関しては、その性質に反しない限り、非訟事件手続法(明治31年法律第14号)第1編の規定を準用する。但し、同法第15条の規定は、この限りでない。
(この法律に定のない事項)
第23条　この法律に定めるものの外、調停に関して必要な事項は、最高裁判所が定める。

第2章　特則(略)

第3章　罰則

(不出頭に対する制裁)
第34条　裁判所又は調停委員会の呼出しを受けた事件の関係人が正当な事由がなく出頭しないときは、裁判所は、5万円以下の過料に処する。
(措置違反に対する制裁)
第35条　当事者又は参加人が正当な事由がなく第12条(第15条において準用する場合を含む。)の規定による措置に従わないときは、裁判所は、10万円以下の過料に処する。
(過料の裁判)
第36条　前2条の過料の裁判は、裁判官の命令で執行する。この命令は、執行力のある債務名義と同一の効力を有する。
2　過料の裁判の執行は、民事執行法(昭和54年法律第4号)その他強制執行の手続に関する法令の規定に従つてする。ただし、執行前に裁判の送達をすることを要しない。
3　非訟事件手続法第207条及び第208条ノ2中検察官に関する規定は、第1項の過料の裁判には適用しない。
(評議の秘密を漏らす罪)
第37条　民事調停委員又は民事調停委員であつた者が正当な事由がなく評

議の経過又は調停主任若しくは民事調停委員の意見若しくはその多少の数を漏らしたときは、10万円以下の罰金に処する。

（人の秘密を漏らす罪）

第38条　民事調停委員又は民事調停委員であつた者が正当な事由がなくその職務上取り扱つたことについて知り得た人の秘密を漏らしたときは、6箇月以下の懲役又は20万円以下の罰金に処する。

附則　（略）

# 利息制限法

昭和29年5月15日法律第100号
最終改正：平成11年12月17日法律第155号

（利息の最高限）
第1条　金銭を目的とする消費貸借上の利息の契約は、その利息が左の利率により計算した金額をこえるときは、その超過部分につき無効とする。

　元本が10万円未満の場合
　　　　　　　　　　　　　年2割
　元本が10万円以上100万円未満の場合　　　　　　　　　　年1割8分
　元本が100万円以上の場合
　　　　　　　　　　　　　年1割5分

2　債務者は、前項の超過部分を任意に支払つたときは、同項の規定にかかわらず、その返還を請求することができない。

（利息の天引）
第2条　利息を天引した場合において、天引額が債務者の受領額を元本として前条第1項に規定する利率により計算した金額をこえるときは、その超過部分は、元本の支払に充てたものとみなす。

（みなし利息）
第3条　前2条の規定の適用については、金銭を目的とする消費貸借に関し債権者の受ける元本以外の金銭は、礼金、割引金、手数料、調査料その他何らの名義をもつてするを問わず、利息とみなす。但し、契約の締結及び債務の弁済の費用は、この限りでない。

（賠償額予定の制限）
第4条　金銭を目的とする消費貸借上の債務の不履行による賠償額の予定は、その賠償額の元本に対する割合が第1条第1項に規定する率の1.46倍を超えるときは、その超過部分につき無効とする。

2　第1条第2項の規定は、債務者が前項の超過部分を任意に支払つた場合に準用する。

3　前2項の規定の適用については、違約金は、賠償額の予定とみなす。

　附則（略）

## 出資法（抄）
（出資の受入れ、預り金及び金利等の取締りに関する法律）

昭和29年6月23日法律第195号
最終改正：平成15年8月1日法律第136号

（高金利の処罰）

第5条　金銭の貸付けを行う者が、年109.5パーセント（2月29日を含む1年については年109.8パーセントとし、1日当たりについては0.3パーセントとする。）を超える割合による利息（債務の不履行について予定される賠償額を含む。以下同じ。）の契約をしたときは、5年以下の懲役若しくは1000万円以下の罰金に処し、又はこれを併科する。

2　前項の規定にかかわらず、金銭の貸付けを行う者が業として金銭の貸付けを行う場合において、年29.2パーセント（2月29日を含む一年については年29.28パーセントとし、1日当たりについては0.08パーセントとする。）を超える割合による利息の契約をしたときは、5年以下の懲役若しくは1000万円以下の罰金に処し、又はこれを併科する。

3　前2項に規定する割合を超える割合による利息を受領し、又はその支払を要求した者は、5年以下の懲役若しくは1000万円以下の罰金に処し、又はこれを併科する。

4　前3項の規定の適用については、貸付けの期間が15日未満であるときは、これを15日として利息を計算するものとする。

5　第1項から第3項までの規定の適用については、利息を天引する方法による金銭の貸付けにあつては、その交付額を元本額として利息を計算するものとする。

6　1年分に満たない利息を元本に組み入れる契約がある場合においては、元利金のうち当初の元本を超える金額を利息とみなして第1項から第3項までの規定を適用する。

7　金銭の貸付けを行う者がその貸付けに関し受ける金銭は、礼金、割引料、手数料、調査料その他何らの名義をもつてするを問わず、利息とみなして第1項及び第2項の規定を適用する。貸し付けられた金銭について支払を受領し、又は要求する者が、その受領又は要求に関し受ける元本以外の金銭についても、同様に利息とみなして第3項の規定を適用する。

（物価統制令との関係）

第6条　金銭の貸付についての利息及び金銭の貸借の媒介についての手数料に関しては、物価統制令（昭和21年勅令第118号）第9条ノ2（不当高価契約等の禁止）の規定は、適用しない。

（金銭の貸付け等とみなす場合）

第7条　第3条から前条までの規定の適用については、手形の割引、売渡担保その他これらに類する方法によつてする金銭の交付又は授受は、金銭の貸付け又は金銭の貸借とみなす。

（その他の罰則）

第8条　何らの名義をもつてするを

問わず、また、いかなる方法をもつてするを問わず、第5条第1項から第3項までの規定に係る禁止を免れる行為をした者は、5年以下の懲役若しくは1000万円以下の罰金に処し、又はこれを併科する。

2　次の各号のいずれかに該当する者は、3年以下の懲役若しくは300万円以下の罰金に処し、又はこれを併科する。

一　第1条、第2条第1項、第3条又は第4条第1項の規定に違反した者

二　何らの名義をもつてするを問わず、また、いかなる方法をもつてするを問わず、前号に掲げる規定に係る禁止を免れる行為をした者

3　前項の規定中第1条及び第3条に係る部分は、刑法（明治40年法律第45号）に正条がある場合には、適用しない。

第9条　法人（法人でない社団又は財団で代表者又は管理人の定めのあるものを含む。以下この項及び次項において同じ。）の代表者又は法人若しくは人の代理人、使用人その他の従業者が法人又は人の業務又は財産に関して次の各号に掲げる規定の違反行為をしたときは、その行為者を罰するほか、その法人に対して当該各号に定める罰金刑を、その人に対して各本条の罰金刑を科する。

一　第5条第1項から第3項まで又は前条第1項　3000万円以下の罰金刑

二　前条第2項（第3条に係る部分を除く。）　同項の罰金刑

2　前項の規定により第5条1項から第3項まで又は前条第1項の違反行為につき法人又は人に罰金刑を科する場合における時効の期間は、これらの規定の罪についての時効の期間による。

3　第1項の規定により法人でない社団又は財団を処罰する場合においては、その代表者又は管理人がその訴訟行為につきその社団又は財団を代表するほか、法人を被告人とする場合の刑事訴訟に関する法律の規定を準用する。

## 貸金業規制法（抄）
（貸金業の規制等に関する法律）

昭和58年5月13日法律第32号
最終改正：平成15年8月1日法律第136号

（最終改正までの未施行法令）
貸金業の規制等に関する法律及び出資の受入れ、預り金及び金利等の取締りに関する法律の一部を改正する法律平成15年8月1日法律第136号（一部未施行）

（無登録営業等の禁止）
　第11条　第3条第1項の登録を受けない者は、貸金業を営んではならない。
　2　第3条第1項の登録を受けない者は、次に掲げる行為をしてはならない。
　一　貸金業を営む旨の表示をすること。
　二　貸金業を営む目的をもつて、広告をし、又は貸付けの契約の締結について勧誘をすること。
　3　貸金業者は、貸金業者登録簿に登録された営業所又は事務所以外の営業所又は事務所を設置して貸金業を営んではならない。

（名義貸しの禁止）
　第12条　第3条第1項の登録を受けた者は、自己の名義をもつて、他人に貸金業を営ませてはならない。

　　　第3章　業務

（過剰貸付け等の禁止）
　第13条　貸金業者は、資金需要者である顧客又は保証人となろうとする者の資力又は信用、借入れの状況、返済計画等について調査し、その者の返済能力を超えると認められる貸付けの契約を締結してはならない。
　2　貸金業者は、貸付け又は貸付けの契約に係る債権の管理若しくは取立ての業務を行うに当たり、偽りその他不正又は著しく不当な手段を用いてはならない

（証明書の携帯）
　第13条の2　貸金業者は、内閣府令で定めるところにより、貸金業の業務に従事する使用人その他の従業者に、その従業者であることを証する証明書を携帯させなければ、その者をその業務に従事させてはならない。

（暴力団員等の使用の禁止）
　第13条の3　貸金業者は、暴力団員等をその業務に従事させ、又はその業務の補助者として使用してはならない。

（貸付条件等の掲示）
　第14条　貸金業者は、内閣府令で定めるところにより、営業所又は事務所ごとに、顧客の見やすい場所に、次の各号に掲げる事項を掲示しなければならない。
　一　貸付けの利率（利息及びみなし利息（礼金、割引金、手数料、調査料、その他何らの名義をもつてするを問わず、金銭の貸付けに関し債権者の受け

る元本以外の金銭（契約の締結及び債務の弁済の費用を除く。）をいう。以下この号において同じ。）の総額（1年分に満たない利息及びみなし利息を元本に組み入れる契約がある場合にあつては、当該契約に基づき元本に組み入れられた金銭を含む。）を内閣府令で定める方法によつて算出した元本の額で除して得た年率（当該年率に小数点以下3位未満の端数があるときは、これを切り捨てるものとする。）を百分率で表示するものをいう。以下同じ。）

二　返済の方式
三　返済期間及び返済回数
四　貸金業務取扱主任者の氏名
五　日賦貸金業者（出資の受入れ、預り金及び金利等の取締りに関する法律の一部を改正する法律（昭和58年法律第33号）附則第9項に規定する日賦貸金業者をいう。以下同じ。）である場合にあつては、その旨、同項に規定する業務の方法（同項第一号の内閣府令の内容を含む。）及び日賦貸金業者は同項に規定する業務の方法以外の方法により貸金業を営むことができない旨
六　前各号に掲げるもののほか、内閣府令で定める事項

（書面の交付）

第17条　貸金業者は、貸付けに係る契約を締結したときは、遅滞なく、内閣府令で定めるところにより、次の各号に掲げる事項についてその契約の内容を明らかにする書面をその相手方に交付しなければならない。

一　貸金業者の商号、名称又は氏名及び住所
二　契約年月日
三　貸付けの金額
四　貸付けの利率
五　返済の方式
六　返済期間及び返済回数
七　賠償額の予定（違約金を含む。以下同じ。）に関する定めがあるときは、その内容
八　日賦貸金業者である場合にあつては、第14条第五号に掲げる事項
九　前各号に掲げるもののほか、内閣府令で定める事項

2　貸金業者は、貸付けに係る契約について保証契約を締結しようとするときは、当該保証契約を締結するまでに、内閣府令で定めるところにより、次に掲げる事項を明らかにし、当該保証契約の内容を説明する書面を当該保証人となろうとする者に交付しなければならない。

一　貸金業者の商号、名称又は氏名及び住所
二　保証期間
三　保証金額
四　保証の範囲に関する事項で内閣府令で定めるもの
五　保証人が主たる債務者と連帯して債務を負担するときは、その旨
六　日賦貸金業者である場合にあつては、第14条第五号に掲げる事項
七　前各号に掲げるもののほか、内閣府令で定める事項

3　貸金業者は、貸付けに係る契約について保証契約を締結したときは、遅滞なく、内閣府令で定めるところにより、当該保証契約の内容を明らかにする事項で前項各号に掲げる事項その他の内閣府令で定めるものを記載した

書面を当該保証人に交付しなければならない。

4　貸金業者は、貸付けに係る契約について保証契約を締結したときは、遅滞なく、内閣府令で定めるところにより、第1項各号に掲げる事項について当該貸付けに係る契約の内容を明らかにする書面を当該保証人に交付しなければならない。貸金業者が、貸付けに係る契約で保証契約に係るものを締結したときにおいても、同様とする。

（受取証書の交付）

第18条　貸金業者は、貸付けの契約に基づく債権の全部又は一部について弁済を受けたときは、その都度、直ちに、内閣府令で定めるところにより、次の各号に掲げる事項を記載した書面を当該弁済をした者に交付しなければならない。

一　貸金業者の商号、名称又は氏名及び住所

二　契約年月日

三　貸付けの金額（保証契約にあつては、保証に係る貸付けの金額。次条及び第20条において同じ。）

四　受領金額及びその利息、賠償額の予定に基づく賠償金又は元本への充当額

五　受領年月日

六　前各号に掲げるもののほか、内閣府令で定める事項

2　前項の規定は、預金又は貯金の口座に対する払込みその他内閣府令で定める方法により弁済を受ける場合にあつては、当該弁済をした者の請求があつた場合に限り、適用する。

（白紙委任状の取得の制限）

第20条　貸金業者は、貸付けの契約について、債務者又は保証人から、これらの者が当該貸付けの契約に基づく債務の不履行の場合に直ちに強制執行を受けるべきことを記載した公正証書の作成を公証人に嘱託することを代理人に委任することを証する書面（以下「委任状」という。）を取得する場合においては、当該貸付けの契約における貸付けの金額、貸付けの利率その他内閣府令で定める事項を記載していない委任状を取得してはならない。

（取立て行為の規制）

第21条　貸金業者又は貸金業者の貸付けの契約に基づく債権の取立てについて貸金業者その他の者から委託を受けた者は、貸付けの契約に基づく債権の取立てをするに当たつて、人を威迫し又はその私生活若しくは業務の平穏を害するような言動により、その者を困惑させてはならない。

一　正当な理由がないのに、社会通念に照らし不適当と認められる時間帯として内閣府令で定める時間帯に、債務者等に電話をかけ、若しくはファクシミリ装置を用いて送信し、又は債務者等の居宅を訪問すること。

二　正当な理由がないのに、債務者等の勤務先その他の居宅以外の場所に電話をかけ、電報を送達し、若しくはファクシミリ装置を用いて送信し、又は債務者等の勤務先その他の居宅以外の場所を訪問すること。

三　はり紙、立看板その他何らの方法をもつてするを問わず、債務者の借入れに関する事実その他債務者等の私生活に関する事実を債務者等以外の者に明らかにすること。

四　債務者等に対し、他の貸金業を

営む者からの金銭の借入れその他これに類する方法により貸付けの契約に基づく債務の弁済資金を調達することをみだりに要求すること。
　五　債務者等以外の者に対し、債務者等に代わつて債務を弁済することをみだりに要求すること。
　六　債務者等が、貸付けの契約に基づく債権に係る債務の処理を弁護士若しくは弁護士法人若しくは司法書士若しくは司法書士法人（以下この号において「弁護士等」という。）に委託し、又はその処理のため必要な裁判所における民事事件に関する手続をとり、弁護士等又は裁判所から書面によりその旨の通知があつた場合において、正当な理由がないのに、債務者等に対し、電話をかけ、電報を送達し、若しくはファクシミリ装置を用いて送信し、又は訪問する方法により、当該債務を弁済することを要求し、これに対し債務者等から直接要求しないよう求められたにもかかわらず、更にこれらの方法で当該債務を弁済することを要求すること。
　2　貸金業を営む者又は貸金業を営む者の貸付けの契約に基づく債権の取立てについて貸金業を営む者その他の者から委託を受けた者は、債務者等に対し、支払を催告するために書面又はこれに代わる電磁的記録を送付するときは、内閣府令で定めるところにより、これに次の各号に掲げる事項を記載し、又は記録しなければならない。
　一　貸金業を営む者の商号、名称又は氏名及び住所並びに電話番号
　二　当該書面又は電磁的記録を送付する者の氏名
　三　契約年月日
　四　貸付けの金額
　五　貸付けの利率
　六　支払の催告に係る債権の弁済期
　七　支払を催告する金額
　八　前各号に掲げるもののほか、内閣府令で定める事項
　3　前項に定めるもののほか、貸金業を営む者又は貸金業を営む者の貸付けの契約に基づく債権の取立てについて貸金業を営む者その他の者から委託を受けた者は、貸付けの契約に基づく債権の取立てをするに当たり、相手方の請求があつたときは、貸金業を営む者の商号、名称又は氏名及びその取立てを行う者の氏名その他内閣府令で定める事項を、内閣府令で定める方法により、その相手方に明らかにしなければならない。

（高金利を定めた金銭消費貸借契約の無効）
　第42条の2　貸金業を営む者が業として行う金銭を目的とする消費貸借の契約（手形の割引、売渡担保その他これらに類する方法によつて金銭を交付する契約を含む。）において、年109.5パーセント（2月29日を含む1年については年109.8パーセントとし、1日当たりについては0.3パーセントとする。）を超える割合による利息（債務の不履行について予定される賠償額を含む。）の契約をしたときは、当該消費貸借の契約は、無効とする。
　2　出資の受入れ、預り金及び金利等の取締りに関する法律第5条第4項から第7項までの規定は、前項の利息の契約について準用する。
（任意に支払つた場合のみなし弁済）

第43条　貸金業者が業として行う金銭を目的とする消費貸借上の利息（利息制限法（昭和29年法律第100号）第3条の規定により利息とみなされるものを含む。）の契約に基づき、債務者が利息として任意に支払つた金銭の額が、同法第1条第1項に定める利息の制限額を超える場合において、その支払が次の各号に該当するときは、当該超過部分の支払は、同項の規定にかかわらず、有効な利息の債務の弁済とみなす。

一　第17条第1項（第24条第2項、第24条の2第2項、第24条の3第2項、第24条の4第2項及び第24条の5第2項において準用する場合を含む。以下この号において同じ。）の規定により第17条第1項に規定する書面を交付している場合又は同条第2項から第4項まで（第24条第2項、第24条の2第2項、第24条の3第2項、第24条の4第2項及び第24条の5第2項において準用する場合を含む。以下この号において同じ。）の規定により第17条第2項から第4項までに規定するすべての書面を交付している場合におけるその交付をしている者に対する貸付けの契約に基づく支払

二　第18条第1項（第24条第2項、第24条の2第2項、第24条の3第2項、第24条の4第2項及び第24条の5第2項において準用する場合を含む。以下この号において同じ。）の規定により第18条第1項に規定する書面を交付した場合における同項の弁済に係る支払

2　前項の規定は、次の各号に掲げる支払に係る同項の超過部分の支払については、適用しない。

一　第36条の規定による業務の停止の処分に違反して貸付けの契約が締結された場合又は当該処分に違反して締結された貸付けに係る契約について保証契約が締結された場合における当該貸付けの契約又は当該保証契約に基づく支払

二　物価統制令第12条の規定に違反して締結された貸付けの契約又は同条の規定に違反して締結された貸付けに係る契約に係る保証契約に基づく支払

三　出資の受入れ、預り金及び金利等の取締りに関する法律第5条第2項の規定に違反して締結された貸付けに係る契約又は当該貸付けに係る契約に係る保証契約に基づく支払

3　前2項の規定は、貸金業者が業として行う金銭を目的とする消費貸借上の債務の不履行による賠償額の予定に基づき、債務者が賠償として任意に支払つた金銭の額が、利息制限法第4条第1項に定める賠償額の予定の制限額を超える場合において、その支払が第1項各号に該当するときに準用する。

第47条　次の各号のいずれかに該当する者は、5年以下の懲役若しくは1000万円以下の罰金に処し、又はこれを併科する。

一　不正の手段によつて第3条第1項の登録を受けた者

二　第11条第1項の規定に違反した者

三　第12条の規定に違反した者

四　第36条の規定による業務の停止の命令に違反して業務を営んだ者

第47条の2　第21条第1項（第24条第2項、第24条の2第2項、第24条の

3第2項、第24条の4第2項及び第24条の5第2項（第24条の6においてこれらの規定を準用する場合を含む。）において準用する場合を含む。）の規定に違反した者は、2年以下の懲役若しくは300万円以下の罰金に処し、又はこれを併科する。

**第48条** 次の各号の一に該当する者は、1年以下の懲役若しくは300万円以下の罰金に処し、又はこれを併科する。

一　第11条第3項の規定に違反した者

二　未施行

三　第16条の規定に違反した者

四　第17条又は第18条第1項（第24条第2項、第24条の2第2項、第24条の3第2項、第24条の4第2項及び第24条の5第2項においてこれらの規定を準用する場合を含む。）の規定に違反して書面を交付せず、又はこれらの規定に規定する事項を記載しない書面若しくは虚偽の記載をした書面を交付した者

五　第20条（第24条第2項、第24条の2第2項、第24条の3第2項、第24条の4第2項及び第24条の5第2項（第24条の6においてこれらの規定を準用する場合を含む。）において準用する場合を含む。以下この号において同じ。）の規定に違反して、第20条に規定する事項を記載しない委任状を取得した者

六　第42条第1項（第24条第2項、第24条の2第2項、第24条の3第2項、第24条の4第2項及び第24条の5第2項において準用する場合を含む。）の規定による報告をせず、又は虚偽の報告をした者

七　第42条第2項（第24条第2項、第24条の2第2項、第24条の3第2項、第24条の4第2項及び第24条の5第2項において準用する場合を含む。以下この号において同じ。）の規定による検査を拒み、妨げ、若しくは忌避し、又は第42条第2項の規定による質問に対して答弁をせず、若しくは虚偽の答弁をした者

**第49条** 次の各号の一に該当する者は、100万円以下の罰金に処する。

一　第4条第1項の登録申請書又は同条第2項の書類に虚偽の記載をして提出した者

二　第11条第2項の規定に違反した者

三　未施行

四　第19条の規定に違反して帳簿を備え付けず、これに同条に規定する事項を記載せず、若しくは虚偽の記載をし、又はこれを保存しなかつた者

五　未施行

六　第21条第2項（第24条第2項、第24条の2第2項、第24条の3第2項、第24条の4第2項及び第24条の5第2項において準用する場合を含む。）又は第23条の規定に違反した者

七　第24条第1項（同条第2項において準用する場合を含む。）、第24条の2第1項、第24条の3第1項、第24条の4第1項（同条第2項において準用する場合を含む。）又は第24条の5第1項（同条第2項において準用する場合を含む。）の規定に違反した者

八　第34条第2項の規定に違反した者

**第50条** 次の各号の一に該当する者

は、50万円以下の罰金に処する。
　一　第8条第1項又は第10条第1項の規定による届出をせず、又は虚偽の届出をした者
　二　第8条第3項において準用する第4条第2項の書類に虚偽の記載をして提出した者

第51条　法人（人格のない社団又は財団で代表者又は管理人の定めのあるものを含む。以下この項及び次項において同じ。）の代表者若しくは管理人又は法人若しくは人の代理人、使用人その他の従業者が、その法人又は人の業務に関して次の各号に掲げる規定の違反行為をしたときは、行為者を罰するほか、その法人に対して当該各号に定める罰金刑を、その人に対して各本条の罰金刑を科する。
　一　第47条　1億円以下の罰金刑
　二　第47条の2から前条まで　各本条の罰金刑
2　前項の規定により第47条の違反行為につき法人又は人に罰金刑を科する場合における時効の期間は、同条の規定の罪についての時効の期間による。
3　人格のない社団又は財団について第1項の規定の適用がある場合には、その代表者又は管理人が、その訴訟行為につきその人格のない社団又は財団を代表するほか、法人を被告人又は被疑者とする場合の刑事訴訟に関する法律の規定を準用する。

第52条　次の各号の一に該当する者は、10万円以下の過料に処する。
　一　第22条（第24条第2項、第24条の2第2項、第24条の3第2項、第24条の4第2項及び第24条の5第2項において準用する場合を含む。）の規定に違反した者
　二　正当な理由がないのに第32条の名簿の閲覧を拒んだ者
　三　第34条第1項の規定に違反した者

# 貸金業の規制等に関する法律施行規則（抄）

昭和58年8月10日大蔵省令第40号
最終改正：平成15年12月26日内閣府令第98号　施行：平成16年1月1日

（取立て行為の規制）
第19条　法第21条第1項第1号（中略）に規定する内閣府令で定める時間帯は、午後9時から午前8時までの間とする。
2　貸金業を営む者又は貸金業を営む者の貸付けの契約に基づく債権の取立てについて貸金業を営む者その他の者から委託を受けた者は、法第21条第2項（中略）の規定により、債務者等に対し、支払を催告するために書面又はこれに代わる電磁的記録を送付するときは、当該書面に封をする方法、本人のみが使用していることが明らかな電子メールアドレスに電子メールを送付する方法その他の債務者の借入れに関する事実が債務者等以外の者に明らかにならない方法により行わなければならない。

# 事務ガイドライン（抄）
# 金融監督等にあたっての留意事項について
# （第三分冊：金融会社関係　3　貸金業関係）

平成15年10月29日改正

3－2－2　貸付け又は貸付けの契約に係る債権の管理若しくは取立ての業務を行うに当り、偽りその他不正又は著しく不当な手段を用いることの禁止

　法第13条第2項の規定に該当するかどうかは、個別の事実関係に則して判断する必要があるが、例えば、貸金業者が次のような行為を行う場合は、当該規定に該当するおそれが大きいことに留意する必要がある。なお、「不正な」行為とは違法な行為、「不当な」行為とは客観的に見て、実質的に妥当性を欠く又は適当でない行為で、不正（違法）な程度にまで達していない行為をいう。

(1)　契約の締結に際して、次に掲げる行為を行うこと。
　①白紙委任状及びこれに類する書面を徴求すること。
　②白地手形及び白地小切手を徴求すること。
　③印鑑、預貯金通帳・証書、キャッシュカード、運転免許証、健康保険証、年金受給証等の債務者の社会生活上必要な証明書等を徴求すること。
　④貸付け金額に比し、過大な担保を徴求すること。
　⑤クレジットカードを担保等として徴求すること。

(2)　貸金業の業務を行うに当たり、顧客の信用情報（個人の返済又は支払能力に関する情報（氏名、生年月日、住所、電話番号等の個人を識別するための情報を含む。）をいう。以下同じ。）について、当該顧客の返済能力の調査以外の目的に使用すること。

(3)　人の金融機関等の口座に無断で金銭を振り込み、当該金銭の返済に加えて、当該金銭に係る利息その他の一切の金銭の支払を要求すること。なお、一切の金銭の支払とは、礼金、割引料、手数料、調査料その他何らの名義をもってするを問わない。

(4)　顧客の債務整理に際して、帳簿に記載されている内容と異なった貸付金額や貸付日などを基に残存債務の額を水増しし、和解契約を締結すること。

(5)　顧客の債務整理に際して、当該顧客から帳簿の開示を求められ、これに応じる場合において、虚偽の回答を行うこと。

(6)　貸金業者が、架空名義若しくは借名で金融機関等に口座を開設し、又は金融機関等の口座を譲り受け、債務の弁済に際して当該口座に振込みを行うよう要求すること。

(7) 取立てに当たり、債務者及び保証人以外の者に保証人となるよう強要すること。

3－2－6 取立て行為の規制
法第21条第1項（中略）の規定に係る監督に当たっては、次に掲げる事項に留意するものとする。

(1) 法第21条第1項の「威迫」に該当するかどうかは、個別の事実関係に即して判断する必要があるが、例えば、貸金業を営む者又は債権の取立てについて貸金業を営む者その他の者から委託を受けた者等が、債務者、保証人等に対し次のような言動を行う場合、「威迫」に該当するおそれが大きいことに留意する必要がある。
　①暴力的な態度をとること。
　②大声をあげたり、乱暴な言葉を使ったりすること。
　③多人数で債務者、保証人等の居宅等に押し掛けること。

(2) 法第21条第1項各号の規定は、「人の私生活若しくは業務の平穏を害するような言動」の例示であり、取立て行為が同項に該当するかどうかは、当該規定に例示されているもの以外のものを含め、個別の事実関係に即して判断する必要がある。当該規定に定める事例のほか、例えば、次のような事例は、「人の私生活若しくは業務の平穏を害するような言動」に該当するおそれが大きい。
　①反復継続して、電話をかけ、電報を送達し、電子メールを送信し、若しくはファクシミリ装置を用いて送信し、又は債務者、保証人等の居宅を訪問すること。
　②債務者、保証人等の居宅を訪問し、債務者、保証人等から退去を求められたにも関わらず、長時間居座ること。
　③債務者又は保証人（以下3－2－6において「債務者等」という。）以外の者に取立てへの協力を要求した際に、協力に応ずる意思のない旨の回答があったにも関わらず、更に当該債務者等以外の者に対し、取立てへの協力を要求すること

(3) 法第21条第1項第1号、第2号及び第6号に規定する「正当な理由」とは、個別の事実関係に即して判断すべきものであるが、例えば、以下のようなものが該当する可能性が高い。
【法第21条第1項第1号】
　①債務者等の自発的な承諾がある場合
　②債務者等と連絡をとるための合理的方法が他にない場合
【法第21条第1項第2号】
　①債務者等の自発的な承諾がある場合
　②債務者等と連絡をとるための合理的方法が他にない場合
　③債務者等の連絡先が不明な場合に、債務者等の連絡先を確認することを目的として債務者等以外の者に電話連絡をする場合。なお、この場合においても、債務者等以外の者から電話連絡をしないよう求められたにも関わらず、更に電話連絡をすることは「人の私生活

若しくは業務の平穏を害するような言動」に該当するおそれが大きい。
【法第21条第1項第6号】
①弁護士若しくは弁護士法人又は司法書士若しくは司法書士法人（以下3－2－6において「弁護士等」という。）からの承諾がある場合
②弁護士等又は債務者等から弁護士等に対する委任が終了した旨の通知があった場合

(4) 法第21条第1項第4号及び第5号に規定する「みだりに要求すること」とは、個別の事実関係に即して判断すべきものであるが、例えば、以下のようなものが該当するおそれが大きい。
【法第21条第1項第4号】
債務者等から法第21条第1項第4号に規定する方法により弁済資金を調達する意思がない旨の回答があったにも関わらず、当該債務者等に対し、更に同様の方法により弁済資金を調達することを要求すること。
【法第21条第1項第5号】
債務者等以外の者から、債務の弁済に応ずる意思がない旨の回答があったにも関わらず、更に当該債務者等以外の者に対し、債務の弁済を要求すること。

(5) 法第21条第1項第4号に規定する「その他これに類する方法」とは、クレジットカードの使用により弁済することを要求すること等が該当すると考えられる。

(6) 法第21条第1項第6号に規定する「司法書士若しくは司法書士法人」に委託した場合とは、司法書士法第3条第1項第6号及び第7号に規定する業務（簡裁訴訟代理関係業務）に関する権限を同法第3条第2項に規定する司法書士に委任した場合をいう。

## あとがき （増刷に際してのご挨拶）

　第1刷が、思いのほか好評であったので、この度増刷させていただくことになりました。読者のみなさまからは、数多くの貴重なご意見を賜り、また貸金業規制法や手続費用の改正もありましたので、特定調停の現状に対応すべく、一部手直しをしてみました。

　第1刷以来、慣れないわれわれのために現代人文社の成澤編集長には、手取り足取り大変お世話になりました。

　ここに、読者のみなさま、成澤編集長に心よりお礼を申し上げます。

　われわれとしては、①分かりやすいこと、②親しみやすいこと、③内容的に正確であること、④実際に役立ち現場の雰囲気が伝わることを目標とし、できうる限る努力しましたが、今日明日の生活をどないしようかと思っている方にとっては、この本はまだまだ難しいのではないでしょうか。これからも、実際に手続を申し立てられる方のために一層の工夫を重ねたいと思います。

　今後も同じ目標を立て、「あなたにもできる」シリーズとして続けていきたいと考えています。この次は、簡易裁判所によく持ち込まれる敷金返還、賃金未払い、交通事故の損害賠償などの事件を取り上げ、原告にも被告にも役立つ少額訴訟の解説書を編集する予定ですので、どうぞご期待ください。

2004年1月　三が日の神戸にて<br>
著者

## 参考文献

◎山本幸三監修、特定調停法研究会編
『一問一答特定調停法』（商事法務研究会）

◎最高裁判所事務総局民事局監修
『債務の調整に関する調停事件執務資料』（法曹会）

◎最高裁判所事務総局民事局監修
『貸金業関係事件執務資料』（法曹会）

◎加藤新太郎編
『簡裁民事事件の考え方と実務』（民事法研究会）

◎高橋宏志ほか編
『新しい簡易裁判所の民事司法サービス』（判例時報社）

◎山川一陽ほか編著
『新貸金3法Q&A』（弘文堂）

◎全国青年司法書士協議会編
『簡裁クレサラ訴訟の実務』（民事法研究会）

◎全国クレジット・サラ金問題対策協議会
『クレサラ・商工ローン調停の上手な対処法』（http://www.cresara.net）

◎全国クレジット・サラ金問題対策協議会
『判例貸金業規制法と救済の実務』（http://www.cresara.net）

◎司法書士調停研究会
『債務者のためのサラ金調停必勝法』（沖縄県司法書士会会員宮里司法書士事務所）

◎消費者法ニュース発行会議
『消費者法ニュース』（ISSN1340-6515）

◎大阪地方裁判所簡易裁判所活性化民事委員会編
『大阪簡易裁判所における民事調停事件の諸手続と書式モデル』（判例タイムズ1130号）

## 監修者・著者紹介

**大石貢二**（おおいしこうじ）　元大阪高等裁判所判事

**原田　豊**（はらだゆたか）　大阪池田簡易裁判所判事，元弁護士

**吉田康志**（よしだやすし）　司法書士（兵庫県司法書士会常任理事）

**山上博信**（やまがみひろのぶ）　愛知学泉大学専任講師，NPO法人司法過疎サポートネットワーク副理事長

---

## あなたにもできる借金対処法
### いざという時の特定調停活用法

2003年12月10日　第1版第1刷
2004年 1 月20日　第1版第2刷

　　監　修　　大石　貢二
　　編　著　　原田　豊・吉田康志・山上博信
　　発行人　　成澤壽信
　　発行所　　株式会社現代人文社
　　　　　　　〒160-0016 東京都新宿区信濃町20　佐藤ビル201
　　　　　　　振替 00130-3-52366
　　　　　　　電話 03-5379-0307（代表）
　　　　　　　FAX 03-5379-5388
　　　　　　　E-Mail daihyo@genjin.jp（代表）／hanbai@genjin.jp（販売）
　　　　　　　Web http://www.genjin.jp
　　発売所　　株式会社大学図書
　　印刷所　　株式会社ミツワ
　　イラスト　髙橋雅彦
　　ブックデザイン　永野友紀子（Push-up）

検印省略　PRINTED IN JAPAN　ISBN4-87798-185-3　C3032　Ⓒ2003　GENDAIJINBUN-SHA

本書の一部あるいは全部を無断で複写・転載・翻訳載などをすること、または磁気媒体等に入力することは、法律で認められた場合を除き、著作者および出版者の権利の侵害となりますので、これらの行為をする場合には、あらかじめ小社また編集者宛に承諾を求めてください。

# 現代人文社の裁判員制度を考える本

## 職業裁判官だけの裁判にイエローカード

市民が裁判に参加する裁判員制度が実現する。
2004年には、裁判員制度に関する法律がつくられます。
ある日突然あなたが裁判員に選ばれる……
という日もそう遠いことではありません。
裁判員に呼び出されたら、一体どんなことをするのか、
何が待っているのか

## 裁判員制度がやってくる

新倉 修（青山学院大学教授）【編】

GENJINブックレット 36

○定価840円（税込） ○A5判 ○並製 ○80頁
○ISBN4-87798-149-7 C3032

### すてきな裁判員へホップ・ステップ・ジャンプ
裁判員制度に関する疑問に答える12のQ&A裁判員制度
裁判員制度7つの論点
裁判員や裁判官の人数、メディア規制、刑事手続改革などを平易に解説。

### 対談 裁判員、わたしにもできるかしら
――不安と期待の裁判員制度
**竹下景子**（女優）&**高野 孟**（インサイダー編集長）
どんな事件をするのか、出廷するのか、など、裁判員制度についての素朴な疑問から、メディア問題、死刑問題まで、不安と期待が交錯する対談

### これから、あなたも裁判員
裁判所での裁判員制度に関するガイダンスを再現
柳田真次美

### ザ・裁判員 SAIBAN-IN
呼出状受取りから選定、審理、評議、判決までを写真でシミュレーション、いち早く裁判員を体験。
森野俊彦

### 納得できない裁判
過誤な医療過誤裁判を経験して
裁判の信頼を一気に崩す重大な危機
「有罪率99.9％」こそ、冤罪の証拠ではないのか？
宮野美貴子
池上正徳

### 裁判員制度に期待する
市民のみなさん、いらっしゃい
犯罪を抑止する感度の高い市民になる一歩
片山徒有

### 裁判員制度はひと粒で二度おいしい
裁判手続民主化
裁判官の市民的自由を裏付ける制度
国民の政府機関へのチェック・アンド・バランス
福来 寛

「市民の裁判員制度つくろう会」のご案内とお願い